MULHERES NA *Essência*

Uma jornada em busca da felicidade e do significado da vida

EDITORA
CHAVE MESTRA

Título original em Português:
Mulheres na essência -
Uma Jornada em busca da felicidade e do significado da vida

Direção editorial: Raquel Medeiros
Coordenação de Revisão: Bartira Costa Neves
Revisão: Laís Alcantara
Assistente editorial: Amanda Oliveira
Diagramação: Weslei Eugênio
Branding de capa: Sergio Macceddo

O conteúdo desta obra é de total responsabilidade dos autores e não reflete necessariamente a opinião da editora.

Dados Internacionais de Catalogação na Publicação (CIP)

Vale, Rogério (Organizador)
V149 Mulheres na essência: uma jornada em busca da felicidade e do significado da vida / Rogério Vale – Barueri, SP: Chave Mestra Editora, 2023.
256 p. : 16 x 23 cm

ISBN 978-65-84979-63-5

1. Espiritualidade. 2. Vida cristã. 3. Inteligência espiritual. 4. Liderança cristã. 5. Fé. 6. Atitude. I. Título.

CDD 158.1

EDITORA
CHAVE MESTRA

Sum

ário

Prefácio

Ao ler os capítulos deste livro, a imagem que veio à minha mente foi a de uma bússola: um instrumento de localização e orientação no espaço geográfico. Com a sua agulha magnetizada, a bússola aponta sempre para o norte e, dessa forma, ao lê-la, você tanto realiza deslocamentos entre dois ou mais pontos como conhece a sua posição com relação a um referencial.

"É isso!", pensei. Esta obra é como uma bússola que irá guiar você, querida leitora, para descobrir e entender a sua essência. Nela, você também vai observar os caminhos que as mulheres que compõem a obra, umas de forma consciente e intencional, outras movidas por uma direção ou orientação que brotava dentro delas, foram guiadas a seguir para que pudessem encontrar a verdadeira essência de SER MULHER.

Este é um livro feito por mulheres edificadoras, sábias, criativas, resilientes, preciosas, corajosas, imparáveis, amáveis, destemidas, sensíveis, fortes, poderosas e empoderadas, felizes, abençoadas e abençoadoras, vulneráveis e heroínas-aprendizes. Elas são filhas, mães, esposas, empreendedoras, líderes de ministérios, psicólogas, terapeutas, mentoras, palestrantes, treinadoras... mulheres que viveram suas dores, superaram ou ainda estão superando o passado e que, de forma corajosa e íntegra, resolveram expor as suas cicatrizes, para que, ao ler as histórias de cada uma delas, você possa se reencontrar com a sua. Permita-se apreciar a sua essência, tome posse das suas características divinas e, com humildade, tenha a oportunidade de viver plenamente quem você foi criada para ser.

Ao folhear e ler as páginas desta obra, eu vi claramente o cuidado de Deus em relação ao entendimento que nós mulheres precisamos ter sobre quem Ele é e sobre quem Ele nos criou para ser. De fato, fomos criadas de uma maneira única, especial e extravagante em formosura. Em nós, Deus acrescentou graça, sabedoria, força, poder, habilidades e competências que, sob medida, cada uma possuímos. Da mesma forma, Ele nos presenteou com multifunções que somente nós temos a capacidade de cumprir, e a isso deu o nome de "propósito". Isso mesmo, fomos criadas com propósitos especiais, papéis ligados diretamente a Sua vontade soberana. Esse é o nosso norte! E, para que possamos viver a plenitude nessa jornada, Ele nos forjou com a Sua própria essência. Temos em nosso interior todas as características divinas que precisamos para saber como agir e reagir em relação ao nosso exterior, sendo exatamente tudo o que Ele mesmo é, em cada uma de nós. Aqui está o nosso referencial.

Aproveite a oportunidade de, junto com essas mulheres, ser direcionada pelo seu Criador para o profundo conhecimento da sua essência e fazer o que for preciso para viver a plenitude de ser você na sua melhor versão, essa criada por Deus, e cumprir aqui na Terra o seu papel como mulher.

Raquel Medeiros
Mãe, esposa, empreendedora, treinadora comportamental, sócia-fundadora e diretora de edição da Editora Chave Mestra.
@raquelmedeirosoficial

Adelires Albuquerque

Meu nome é Adelires Calonego Albuquerque, nasci no Rio Grande do Sul, e moro em Vilhena (RO) há mais de 35 anos. Sou casada com Edeclaudio Albuquerque há 27 anos e tenho 3 filhos: Cristian, Nicolas e Ana Gabriela. Sou avó do Arthur e sogra do Alvaro Chui e da Mariana Sega.

Sou formada em Administração de Empresas e Teologia e sou pós-graduada em Saúde Pública e do Trabalhador. Além disso, atuo com psicopedagogia clínica e institucional e sou funcionária pública. Também, sou pastora na Igreja Missão Evangélica El Shaddai.

Escrevi dois livros: *33 conselhos para uma vida saudável* e *Doenças da alma têm cura*, baseados em minhas experiências de quando vivi um processo de adoecimento emocional, físico e psicológico. Hoje, completamente restaurada, ministro sobre esses assuntos e testemunho a cura de muitas pessoas.

adeliresalbuque

+55 (69) 98496-1212

Adelires Calonego Albuquerque

adelires@hotmail.com

01 MULHERES FORTES

POR ADELIRES ALBUQUERQUE

Durante muito tempo, algo me intrigava: por que vivemos tantos acontecimentos, tantas situações estranhas, adversidades, lutas e guerras? Quando lemos na Bíblia sobre as grandes mulheres de Deus, no mínimo, queremos nos espelhar nelas. Também, queremos realizar expressivas realizações e deixar um legado, assim como elas deixaram.

Mulher forte: Rainha Ester

Ester se tornou rainha da Pérsia e foi usada por Deus em seu prolongado jejum de três dias, ao lado de seu povo hebreu, para que eles não fossem dizimados. É muito fácil não nos atermos à sua história de orfandade e escassez em muitas áreas, o que certamente ela viveu. O processo de Deus na vida dessa mulher gerava nela muitos questionamentos, como: por que era órfã? Por que fora criada por um primo? Provavelmente, sentia profundas faltas em sua vida: de carinho, de afeto de mãe e de pai, de alguém que a ensinasse a ser uma boa esposa e uma boa mãe. Já no palácio, ela frequentou uma escola diariamente, a fim de se preparar para cumprir o propósito que Deus tinha para ela. Um trecho do Livro de Ester diz (4:14): "Porque, se de todo te calares agora, de outra parte se levantará para os judeus socorro e livramento, mas tu e a casa de teu pai perecereis; e quem sabe se para conjuntura como esta é que foste elevada a rainha?" (*Bíblia de Estudo de Genebra*, SBB, 1999.)

Ao ouvirmos tal palavra com tanta força de confronto e decisão, poderíamos pensar: "Tudo então faz sentido. Ela foi forjada na escassez e nas adversidades para que fosse forte. Porque haveria dias em que estaria diante de assassinos, mas também diante de reis, correndo o risco de ser morta ou de perecer". Como ela disse (Ester 4:16): "Se perecer, pereci". Tanto preparo, ser criada por um homem inteligente e hábil e ser introduzida ao palácio para salvar uma geração de pessoas: esse foi o seu propósito.

Mulher forte: Noemi

Noemi viveu em Belém de Judá, Israel, durante o período dos juízes, com seu marido e seus filhos. Em uma época em que a fome assolou Israel, eles deixaram sua casa e foram morar em Moabe, em busca de melhores condições de vida. Os moabitas eram descendentes de Ló, com suas duas filhas. Ambas tiveram uma relação incestuosa com o pai, com quem geraram filhos. Era uma cidade idólatra e pecaminosa, e Elimeleque se moveu pela necessidade quando se mudou para aquele lugar. Depois de um tempo, seu esposo faleceu, e ficou ela com seus dois filhos e suas noras, Orfa e Rute, moabitas, pois haviam se casado naquela região. Depois de dez anos, morreram também os filhos. Rute aceitou seguir a sogra. Quanta tragédia, que mulher mais "sem sorte", poderíamos dizer. E, agora, ter que voltar para o lugar de onde nunca deveria ter saído, em total derrota e pobreza. Parecia o fim.

Noemi, que significa "agradável", não desejava nem mesmo carregar esse nome, mas sim: "Mara, porque grande amargura me tem dado o Todo-Poderoso" (Rute 1:20). Noemi estava destruída e sem esperanças. Quando voltou com Rute, sua nora, esta se casou com Boaz, dando continuidade ao plano soberano de Deus. Ela veria crescer aquela criança que seria o avô do grande rei Davi, cuja descendência resultou na vinda do Messias (Rute 4:18-22; Mateus 1).
Que processo de forjamento é esse no qual, por meio do luto, vem vida; que, paralelo à aparente destruição, Ele consegue construir algo proveitoso. Somente Deus para construir isso nessas mulheres. Tudo o que Noemi passou fez parte de um lindo plano de misericórdia e redenção, que foi o sacrifício de Jesus para salvar aqueles cujos corações estejam voltados para Ele.

Mulher forte: eu

Comecei a trabalhar fora de casa aos 9 anos de idade; até aos os 17, tive sete empregos diferentes. Em todos eles, vivi coisas boas e ruins. Os momentos bons foram aqueles em que aprendia a cuidar de casa, arear panelas, cozinhar, arrumar cama com lençol de baixo e sobre lençol, com cobre-leito e travesseiros sobrepostos – coisa que na minha casa, na pobreza em que vivíamos, não tínhamos. Em alguns desses empregos, eu comia o que sobrava, dormia pouco e em camas improvisadas. Não tinha os suprimentos necessários de que toda criança necessita. Foi-me roubada a infância, a pré-adolescência e a adolescência, pois as minhas lembranças são de casas de patroas e humilhações, pois eu era obrigada a fazer serviços que os adultos sabiam fazer.

Sofri abusos emocionais, físicos, sexuais e psicológicos. Aos 17 anos, eu já havia vivido todos eles. Na época, as empregadas domésticas dormiam no trabalho, ou seja, nós ficávamos longe das nossas famílias e expostas aos ataques das pessoas em cujas casas morávamos. Após passar por vários assédios e humilhações, eu fui sendo construída. Ou melhor: "desconstruída". No entanto, o mais difícil para mim era o fato de que na minha casa, onde éramos cinco irmãs e um irmão, vivíamos em constante insegurança. Meu pai bebia todos os fins de semana. E, quando isso acontecia, ele ficava extremamente agressivo. Então, todo fim de semana, havia uma expectativa ruim, pois sabíamos que teríamos que esconder as facas e ficar preparados para nos defender e defender a nossa mãe das agressões que ele tentava cometer.

Nesse ambiente, eu fui amadurecendo e me tornando uma pessoa insegura, desconfiada, ansiosa, irada e estressada. Passado algum tempo, aqui em Rondônia, me converti ao Evangelho, durante a gravidez do meu filho Cristian. Quando eu achava que já tinha sofrido o bastante, fui abandonada pelo pai dele. Não tinha nem um parente ou aderente e vivia longe de tudo e de todos, pois toda a minha família morava no Rio Grande do Sul. Eu estava, portanto, morando em uma cidade distante, com uma criança pequena, sozinha e com poucos recursos. Esse era o cenário perfeito para que eu adoecesse, o que, de fato, aconteceu. Tive ansiedade, depressão, síndrome do pânico e até precisei fazer um cateterismo com ablação, a fim de "cauterizar as arritmias cardíacas". Fui submetida a esse procedimento sem necessidade, uma vez que as arritmias estavam relacionadas à ansiedade excessiva.

Assim, passei por sérios problemas emocionais; durante anos, convivi com aquilo que classifiquei como os três tipos de ansiedade: ansiedade hereditária, ansiedade estimulada pelo diabo e ansiedade que é colocada em mim pelas necessidades que eu mesma desenvolvo. Minhas energias eram minadas e, com pouco mais de 24 anos, eu era uma mulher triste, amargurada e ressentida, o que fez meu corpo ir adoecendo. Tinha sensação de desmaios, fraquezas, dor no corpo, taquicardias e muito mais. Isso ocorria mesmo depois de eu ter me casado novamente e estar firme na igreja. Eu era uma cristã de verdade e queria ser uma boa filha de Deus.

Havia uma busca dentro de mim: eu queria respostas de Deus, eu queria entender o porquê de tanto sofrimento. Por que as pessoas sofrem? Havia tantas perguntas sem respostas!... Nesses mais de 30 anos servindo ao Senhor, nos quais atuei com toda a minha força e dedicação, eu sempre acreditei que teria algo mais. Quando eu lia o Velho Testamento, ficava maravilhada com os milagres que Deus fazia. Eu conseguia entrar na história e até ser um dos personagens, vivendo as manifestações físicas Dele no meio do povo. Sempre acreditei que tudo é possível, só não entendia por que nada acontecia comigo.

Recentemente, as respostas vieram uma após a outra. Na verdade, sabemos das respostas, mas não queremos aquelas que são óbvias, e sim as que são específicas para nós. E uma delas era que eu não via sentido nos sofrimentos da minha vida. Eu Queria saber o porquê dos acontecimentos, insistia nisso, até que Ele me respondeu, e disse que faz conosco o mesmo que o oleiro faz com o barro, tirando suas impurezas ao amassá-lo diversas vezes. Se não ficou bom, o oleiro coloca a mão por dentro e amassa de novo o barro; tira as pedrinhas, os materiais impróprios e refaz o trabalho. Do mesmo modo, age Deus. Ele nos faz e refaz até que estejamos prontos para nos enchermos do azeite Dele. Precisamos estar aptos para tudo aquilo que Ele quer que façamos para o reino e a glória do nosso Criador. É uma resposta óbvia, mas eu quis ouvir isso Dele.

Em um momento de oração, outra resposta veio, a de que vivi todos aqueles acontecimentos para que me tornasse uma mulher forte, e eu dizia: "Mulher forte, Senhor, mas até quanto e quando?". E a resposta veio novamente: sim, uma mulher forte, para poder cuidar de uma geração de mulheres que não têm mãe, para lhes dar direção, filhas que estão sendo mães das mães, filhos sem pais, filhas de pais vivos, mas que estão perdidos. Deus tem nos feito fortes porque as pessoas estão confundindo amor e alegria com sexo, felicidade com prazer, e prosperidade com dinheiro. Mulheres carentes, emocionalmente destruídas e, na sua maioria, com históricos de abusos e rejeição, com um buraco gigantesco em sua alma. De cada 20 mulheres, pelo menos 18 foram molestadas na infância (pesquisa minha); existem milhares delas esperando que alguém lhes estenda a mão e diga "você vai conseguir".

Onde estão as mulheres fortes que deixarão uma história? Onde estão as anônimas que, assim como a rainha Ester, Noemi e eu, serão usadas pelo nosso Pai para salvar gerações de pessoas? Durante toda aquela escola, desde a infância até aqui, Deus foi me tornando a mulher forte que sou hoje. Eu precisei passar por tudo aquilo para que hoje eu cuidasse dessas mulheres feridas – o que faço com muita compaixão. Consigo dizer que sim, o processo é doloroso, mas o seu propósito é fabuloso. Obrigada, Senhor, por ter construído a pessoa que sou hoje. Na minha essência, no meu sangue e na minha medula, Você está presente. Todas as cicatrizes que carregamos são sinais de cura para nós e para outras tantas que virão. Assim como eu, lhe convido a mergulhar a Deus para que Ele também lhe cure, para curar outras. O processo é doloroso, mas o resultado é soberano.

"As cicatrizes marcadas em mim são remédios para a cura de outras mulheres, pois o processo é doloroso, mas o resultado é soberano."

Adelires Albuquerque

Adriana Miranda

Gratidão a Ti, meu Senhor, por todas as coisas, pois sem Ti não sou nada, não tenho nada e não posso nada!

Que bom desfrutar de um momento especial por aqui com a Tua presença e a de pessoas especiais, porque sem a Tua presença não podemos continuar.

Me chamo Adriana Miranda, tenho 44 anos e sou casada há 24 anos com o amor da minha vida, o Pr. Denner Marques. Tenho três preciosos filhos: Matheus, Victor e Melina. Além de esposa e mãe, sou cristã, pastora, psicanalista clínica, mentora e teóloga. Também, há 20 anos, tenho como missão ajudar e cuidar de pessoas até quando o Senhor assim permitir.

Espero poder contribuir para que sua essência jamais seja perdida em meio a tantos desafios.

adrianamiranda.psi

+55 (34) 99977-6044

Adriana Miranda

adryana_miranda@yahoo.com.br

02 NÃO CARREGUE UMA ESSÊNCIA NEGATIVA

POR ADRIANA MIRANDA

Consegui descobrir coisas da minha essência que nem eu mesma sabia que existiam! Certamente, a bondade e a misericórdia do Nosso Deus fizeram, fazem e continuarão a fazer parte da minha vida e da sua. Por volta dos meus 7 anos, comecei a entender o que era uma família, e descobri muitas coisas, pois nasci após o falecimento de dois irmãos. O primeiro deles viveu três dias e não resistiu, veio a falecer. Após alguns meses, meus pais tentaram engravidar novamente, mas, infelizmente, encararam a mesma tragédia. O meu segundo irmão viveu apenas dois dias, porque, naquele tempo, a medicina ainda não tinha tantos métodos e recursos como hoje. Mesmo com meus irmãos falecidos, meus pais não desistiram; pensavam sempre num bebezinho e numa possível gravidez feliz. Foi quando a minha mãe engravidou de mim. Foi uma gravidez cheia de dificuldades e perigos, mas que foi levada até o fim.

Nasci em uma cidade mineira chamada Campina Verde, em maio de 1979, mas fui para casa sem minha mãe. Ela teve um parto normal a fórceps com muitas complicações, e precisava se recuperar de uma eclampsia. Após sua recuperação, finalmente minha família estava completa, apesar das perdas anteriores.

O tempo passou e, quando eu tinha 2 anos, meus pais se separaram. Depois disso, minha mãe resolveu mudar de cidade. Ela arrumou emprego em um hospital e, enquanto trabalhava, eu ficava com uma babá. Já estávamos havia um ano nessa nova cidade quando, em 1982, houve uma epidemia de meningite em crianças, que se alastrou por toda a parte. Segundo anunciavam, a doença estava matando ou deixando crianças com deficiências. A cidade estava em pânico e minha mãe também. Ela ficava todo o tempo me protegendo para que eu não adoecesse, mas, uma manhã, amanheci com muita febre. Como ela trabalhava no hospital, logo identificou a doença. Eu realmente estava com meningite!

O desespero a invadiu. Ela era uma mulher só, com sua única filha; por conta da lembrança das perdas, alguns pensamentos não saíam de sua cabeça, tais como: "Já perdi dois, vou perder mais uma.". Sua mente não parava. Foi um período difícil, lutando de hospital em hospital. Um dia, o médico a chamou e disse: "Mãe, não temos mais o que fazer. Sua filha não vai resistir. Não temos mais como mantê-la viva". Nesse dia, eu completaria um mês na UTI, e penso que minha experiência com Deus iniciou naquele momento. Com 4 aninhos, experimentei a bondade do milagre, pois, em um banheiro, minha mãe clamou a Deus pela minha cura e, no mesmo dia, eu tive o fôlego de vida novamente. Saí do hospital sem nenhuma deficiência, para a Glória de Deus.

Após esse período, sem explicações médicas e com evidências espirituais, os psicólogos pediram para a minha mãe me aproximar do meu pai, pois isso seria importante para assegurar uma boa recuperação. Meus pais reataram e foi um recomeço como família. Como eu já estava bem, comecei a pedir irmãos, então minha mãe tentou mais cinco vezes; porém, a história das perdas se repetia. Dessa vez, eu acompanhei cada um dos meus irmãos "não voltando" para casa, porque todos faleceram, sendo que a última gestação era de trigêmeos. Que tristeza em nossa família! Além de perder meus irmãos trigêmeos, após dois meses, recebemos a notícia de que minha mãe estava com câncer no pulmão, devido à última gestação. Nessa época, eu já tinha 11 anos, e tive que ficar só, enquanto meu pai cuidava do trabalho.

Após um ano de luta contra o câncer, me vi sozinha muitas vezes. A solidão nos causa alguns traumas e medos e faz com que a nossa vulnerabilidade se acentue. Por ser filha única e meus pais estarem sempre trabalhando, realmente senti muito medo e precisei desde cedo dar conta de tudo sozinha. Aprendi a me defender e a correr atrás de muitas coisas. Minha mãe, após sua cura, continuou ao meu lado, mas, ainda assim, senti que devia romper algumas situações por mim mesma. Isso contribuiu para que eu conhecesse bem cedo o amor, o livramento e a proteção do Pai.

Eu vejo hoje que o Senhor tinha um propósito em tudo isso, e Ele mesmo disse em Rm 8:37: "Mas em todas as coisas somos mais que vencedores, por meio daquele que nos amou". Ele nos amou primeiro. No meu caminhar, aprendi a declarar isso para todos; ainda criança, eu "pregava" para minhas bonecas. Eu já O amava!

Penso que, quando me encontrei em meu leito de morte, houve algo que movimentou meu coração tão pequenino; logo, cresci amando-O. Mas, ainda assim, me perguntava: "Por que sou tão só?". Todos ao meu redor tinham uma família grande, e eu era muito vulnerável. Sempre buscava um preenchimento nas pessoas, sempre amei estar com elas, porém num momento me esqueci de que a vida fora de casa nem sempre é como sonhamos. Eu era assim, rodeada por muitos amigos, mas frequentemente, no meio deles, tinha alguém que se levantava contra mim. Nesses momentos, crescia mais o sentimento tão profundo de solidão, porque fui me "acostumando" com exclusões, invejas e maldades. Apesar de me esconder em tantas amizades, chegava até a ser estranho quando me deparava comigo mesma.

Fui crescendo e, mesmo cercada por muitas pessoas, me sentia amada por poucos. Tudo isso porque minha mente mentia para mim. Devido às perdas e aos traumas, sempre perguntava para as pessoas se elas gostavam de mim, se queriam ser minhas amigas, se queriam sair comigo... Tudo isso porque eu tinha muito para dar, mas não acreditava realmente que tivesse. Aos 17 anos, senti uma ansiedade que foi uma grande armadilha contra a minha autoconfiança, minha essência e meu valor. Eu era uma menina tão nova, linda, amiga, uma ótima filha, porém insegura devido aos baques da vida. Uma filha da impossibilidade, não sabendo de fato por que tinha vindo ao mundo.

Assim, o tempo passou, as indagações foram se acumulando aos muitos sentimentos com os quais eu não sabia lidar e, algumas vezes, me via confusa, buscando respostas que eu não tinha. Completei 19 anos e conheci o grande amor da minha vida; com ele, aprendi um caminho novo, porém desafiador, porque não foi um casamento programado, mas acontecido. Um casamento é muito importante e muito realizador para quem espera e acredita. Quando me casei, achava que a minha autoconfiança aumentaria, e ela de fato aumentou, pois um companheiro maduro ajuda no amadurecimento do outro. Assim, meu esposo foi primordial nas minhas descobertas, porque, mesmo que eu não demonstrasse nem a ele e nem aos outros, sempre carreguei uma essência negativa, por viver uma vida cheia de desafios e apuros.

Pela ausência de uma grande família, sempre sonhei em construir uma que fosse enorme! Talvez não pela quantidade de pessoas, mas pelo imenso amor que há entre nós. Quando me casei, meu esposo já tinha um filho, que é meu filho de coração: o Matheus – o mais parecido comigo. Após três anos, veio um presente do céu: o Victor. Ele foi um presente porque descobri que estava grávida com cerca de 22 semanas – uma linda surpresa. Mas, para mim, ainda era pouco: sonhava em ter uma menina. Pedi a Deus, e veio a minha doce Melina, minha preciosa Mel.

Após a vinda dos meus filhos, uma chave começou a girar e percebi que Deus não errou, quem errou fui eu em não saber quem de fato era. Após os meus filhos chegarem, comecei a me preocupar em como eu iria fazer para eles serem autoconfiantes, amados, protegidos e seguirem sempre no caminho certo. Foi então que me lembrei de quando minha mãe me ensinava a Bíblia e me levava a uma igreja perto de casa. Portanto, decidi buscar isso para meus filhos e minha família. Ouvi a voz de Deus e mergulhei no mais profundo oceano da Água Viva que desceu do Céu. Jesus me ajudou a valorizar a minha essência e descobri o porquê de vir à Terra. Com toda a minha dor e falta de autoconfiança – uma busca que parecia não ter fim –, descobri que, se eu cresse em Jesus, seria salva. E não somente eu, mas também a minha casa (Atos 16:31). Foi lindo saber que Deus é um Deus de começos e também de recomeços.

Caminhando com Ele, pude descobrir a verdade sobre mim. Eu jamais fui um erro, um acaso no meio de tentativas que não davam certo. Minhas amadas, eu tenho saudade dos meus irmãos. Sem ao menos conhecê-los, sou grata a Deus por confiar em mim e me ajudar a cuidar, curar, amar e direcionar as pessoas a viverem seus propósitos. Sou filha única sim, mas nunca serei única na Terra! Tenho hoje a valorização da minha verdadeira essência, que é ser filha amada de Deus – e é isso que faz a diferença, porque a bondade e a misericórdia do Senhor me acompanharam e continuarão me acompanhando. E assim será com você, amada leitora, mulher escolhida e cheia de virtudes vindas do Pai da Eternidade, que escolheu você ainda informe."Os Teus olhos, Deus, me viram substância ainda informe, e no Teu livro foram escritos todos os meus dias, cada um deles escrito e determinado, quando nenhum deles havia ainda." (Salmos 139:16).

Não desista do seu chamado, de trazer à tona a sua verdadeira essência, aquela que está viva dentro de você. Não coloque esperança no que você vê e sente. Coloque a esperança no que o Pai disse sobre você. Não carregue a essência negativa que você presenciou a vida toda, mas lembre-se de que quem lhe fez já deixou um tesouro dentro de você.

A vida é assim: ela tenta nos tirar a essência que já é nossa! Hoje, cuido de pessoas e amo muito mais do que eu imaginaria. Continuo sendo, às vezes, vítima de algumas pessoas como antes, mas isso faz parte da vida. Foi assim com muitos no passado, foi assim com Jesus; então, não será diferente conosco. Mas a grande vitória é saber que Nosso Pai nunca tirará a verdadeira essência do nosso ser, porque nascemos para dar certo, independentemente de como nascemos.

Que Deus lhe abençoe poderosamente. E, se não estiver bem, vai ficar, em nome de Jesus!

“Em nossa essência,
foi plantado tudo o que
precisamos, pois quem
nos deu é especialista no
perfeito. Foi Ele, nosso Deus
Poderoso.”

Adriana Miranda

Adriana Oliveira

Me chamo Adriana de Oliveira, sou psicóloga de mulheres e nasci em Foz do Iguaçu (PR). Na infância, me mudei para o Espírito Santo, onde construí e desenvolvi meus sonhos, além de ver florescer o meu propósito de vida.

Hoje, tenho uma linda família: um esposo e quatro filhas incríveis. Vivo o que, durante muito tempo, era apenas o conteúdo dos meus sonhos – pois, ao buscar sua realização, a cada experiência amorosa, me via ainda mais distante do meu objetivo. Mal sabia eu que meu propósito de vida viria exatamente das minhas frustrações e decepções amorosas, pois hoje atuo como psicóloga e mentora de mulheres, auxiliando cada uma delas nessa jornada tão complexa que é a vida a dois.

Além da psicologia, me especializei em programação neurolinguística, constelação familiar e análise corporal, dentre outras áreas.

adrianapsicologa_

+55 (27) 99824-5073

adrianaoliveirapsicologa10@gmail.com

03 TRANSFORMANDO DOR EM PROPÓSITO

POR ADRIANA OLIVEIRA

Escrever um livro sempre foi um desejo meu, pois minha história de vida daria alguns capítulos bem interessantes. Mas, quando o convite veio, dúvidas me acompanharam: "Qual seria o tema? O que explanaria?". Em meio às reflexões, percebi que não haveria assunto melhor a compartilhar do que o meu propósito de vida, a missão que Deus me incumbiu de realizar nesta Terra.

Mas onde essa história se inicia? Ainda na minha infância, quando me perguntavam o que eu queria ser quando crescesse, eu via todas as crianças respondendo diversas profissões. E eu até tentava buscar alguma, mas a única coisa que fazia meus olhos brilharem e meu coração bater mais forte era ao pensar em ter minha família. Esse, sim, era meu grande sonho, e não cabia nele nenhuma profissão sem que houvesse a presença de um marido e de filhos, da família e da casa feliz.

E assim fui crescendo. Na juventude, não compartilhava muito sobre tal sonho. Quando ousava falar sobre isso, percebia muitas caras e risos. As pessoas não entendiam por que ter uma família seria um sonho, uma vez que "casar-se e ter filhos não é algo tão difícil assim". O que eles não sabiam é o quanto isso seria desafiador para mim.

Essa jornada iniciou nos meus 15 anos, com o meu primeiro relacionamento. Foi aquele em que, você faz tudo certinho: namora em casa, com a permissão dos pais, conhecendo e convivendo com as famílias. Após oito anos de relação, enfrentei minha primeira traição. Quanta dor para uma jovem sonhadora, romântica e crente no amor! Sentia minhas forças se esvaindo, o chão se abrindo, a vida virando de cabeça para baixo. Havia um misto de decepção, frustração e dor, a sensação de perder o rumo, o brilho... Não conseguia acreditar no amanhã, ou que, um dia, a alegria e o sorriso voltariam. Com essa primeira decepção, aprendi que quando se sente que está tudo perdido, que as forças não existem mais, Deus carrega você no colo e conforta seu coração.

E eis que os dias se passaram e as feridas foram cicatrizando. Me Apeguei-me algumas coisas para ocupar o tempo e a mente, até estar de pé novamente. Passaram-se os anos e, assim, lidei com a realidade da vida, que nem sempre é um jardim florido. Busquei não adormecer e desacreditar do fato de que eu ainda conseguiria ter a minha família. Então, comecei um novo relacionamento, por meio do qual concebi minhas duas primeiras filhas: Maria Clara e Ana Beatriz.

Já no início desse relacionamento, grandes provas vieram. Um acidente com a Maria Clara, que na época tinha 2 anos, a deixou em coma, sem expectativa de sobreviver. Mais uma vez, pude experimentar o cuidado e o amor de Deus em minha vida; descobri uma fé que eu nem imaginava existir e acreditei na recuperação completa da minha pequena. Assim, fui surpreendia e agraciada pelo milagre da vida e a recuperação dela, dia após dia. Depois, eis que o pai delas decidiu ir embora; mais uma vez, a traição bateu à minha porta. Dessa vez, porém, eu já não estava só. Havia duas dádivas que precisavam da minha força e garra. Confesso que diversas vezes o desespero batia e me ver dependente da ajuda das pessoas me consumia.

Mesmo em meio a esse furacão, precisava me concentrar na criação e educação de minhas filhas, silenciando aquele sonho – pois grandes eram os desafios de uma mãe sozinha. O peso que coloquei sobre mim foi tamanho que, muitas vezes, faltava espaço para somente amá-las. Com isso, carreguei não só a dor de mais uma traição, mas também da impossibilidade de ser apenas mãe. Desse novo capítulo, muitas lições tirei. Aprendi que precisamos olhar com atenção e carinho para os nossos medos, pois temos uma forte tendência a atraí-los. E isso, hoje, a neurociência explica, e Deus já nos mostrava no Livro de Jó 3:25: "Aquilo que temia me sobreveio e o que receava me aconteceu".

Seguindo com a vida, o tão desejado sonho ganhou mais um destaque de impossibilidade. Agora, meu pensamento era: "Sozinha já não consegui realizá-lo; com duas filhas, será impossível". Os sentimentos de inferioridade e incapacidade eram sempre constantes no quesito relacionamento. Mas a vida é uma caixinha de surpresas. Embarquei em mais um relacionamento que não deu certo, no qual aprendi que feridas amorosas precisam ser curadas. Iniciar um relacionamento carregando marcas do passado só nos leva a um único caminho: o das escolhas erradas. Todo término de relação traz consigo não só as frustrações, como também questionamentos e prejuízos à autoimagem e à autoestima; por isso, é fundamental olhar atentamente para essas questões.

Outro ponto crucial que carrego comigo é: se algo tem acontecido de forma recorrente em sua vida, pare e analise o que é necessário aprender com essa situação. A vida é como um jogo de videogame: só se avança de fase quando a anterior foi concluída. No meu caso, entendi o que Deus buscava tratar em mim. Precisava entender e ser grata, pois já tinha o que desejava. Muitas vezes, por termos uma ideia fixa na cabeça, não conseguimos olhar o óbvio e desperdiçamos oportunidades. Naquele momento, tomei para mim a responsabilidade não só de criar minhas filhas, mas de ser uma família para elas. Tantas coisas maravilhosas estavam acontecendo, porém me sentia vazia de sonhos, uma espécie de anestesia tomava conta de mim. Eis que estava prestes a ver as peças do quebra-cabeça se encaixarem, compreendendo que, por mais improváveis que possam parecer, nunca podemos desistir dos nossos sonhos. Por mais que as circunstâncias o(a) levem a desacreditar, a última palavra sempre vem do Senhor. Se Ele não colocou um ponto-final, vai acontecer.

Muitas vezes, pensei em desistir. Achava que eu era o problema, mas uma palavra em Jeremias 29 sempre aquecia meu coração: "Bem sei eu os pensamentos que tenho acerca de vós, pensamentos de paz, não de mal, para lhes dar o fim que espereis". De alguma forma, uma voz dizia ao meu coração que, no tempo certo, quando tivesse aprendido o que era necessário, eu subiria de nível e Deus me concederia tudo o que um dia almejei. Hoje, vivo meu sonho com todos os detalhes que aquela menina ainda criança desejava. Ela só não tinha a capacidade de imaginar que, por meio dela e das suas experiências, tantas mulheres seriam transformadas. Seria impossível até para aquela garota sonhadora imaginar quão grande seria seu propósito de vida: auxiliar mulheres a resgatar sua identidade, reavivar seus sonhos e experimentar a abundância de Deus em suas vidas..

Tantos foram os caminhos percorridos, as escolhas e decisões erradas até chegar aqui!... Agora, passa um filme na minha cabeça, e as lágrimas escorrem pelo rosto – muitas são as lembranças. No entanto, as lágrimas não têm mais um gosto de derrota, como sempre tiveram. Hoje, o seu sabor é de alegria e realização, pois conquistei a família de final de novela e filme de romance que sempre quis. Mas, para que tudo isso pudesse acontecer, foi necessário curar minhas dores, meus traumas, cicatrizar feridas, resgatar minha identidade e autoestima, reconhecendo o que eu era e quem era em Deus, e essa jornada foi incrivelmente linda.

Após experimentar esse processo, estava enfim pronta para viver tudo o que o Senhor um dia me chamou a viver. Conheci, portanto, o meu esposo, e foi tão engraçado que, em nosso primeiro encontro, quando ele tocou em mim, senti meu corpo vivo como nunca. Era amor na sua forma mais pura e genuína. Confesso que resisti muito. Tinha medo de me decepcionar e de regredir nos meus avanços. Aqui vai mais um ensinamento: as transformações, quando conscientes, são como andar de bicicleta. Você pode ficar anos sem pedalar, mas jamais se esquecerá de como fazê-lo.

À medida que o tempo passava, evoluíamos em nosso relacionamento, e eu conseguia colocar em prática todos os ensinamentos que a vida me deu. Foi quando entendi o motivo de todas as minhas vivências, de cada fase, sentimento, processo e ressignificação: foi necessário viver tudo isso para transformar minhas dores e meus traumas em propósito de vida. Hoje, sou mentora e psicóloga de mulheres e especialista em relacionamento. Na prática, vivi todas as dificuldades e os desafios da vida a dois, para, atualmente, instruir muitas mulheres a construírem ou conquistarem um relacionamento saudável e feliz – inicialmente consigo mesmas e, depois, para transbordarem nos que as cercam.

Uma vida feliz é possível, mas isso não significa que essa seja uma vida isenta de problemas. Quero dizer que a transformação acontece no ser, reunindo recursos suficientes para enfrentar qualquer intempérie que a vida ofereça, bem como evitar inúmeras situação causadas, muitas vezes, por atitudes impensadas, temperamentos desordenados e emoções não gerenciadas. Deus nos chamou a viver uma vida em abundância, e se, por algum motivo, isso não está acontecendo com você, é necessário corrigir a rota, reorganizar as emoções e os pensamentos. E, como sempre se espera um final feliz para todas as histórias, não posso dizer que a minha tenha acabado: eu apenas encerrei esse lindo capítulo. Hoje, estou casada com um homem incrível, que é um excelente parceiro de vida e de propósito. Formamos uma família extraordinária, agora com nossas quatro filhas: Maria Clara, Ana Beatriz, Elisa – que é minha enteada e filha do coração – e nossa *baby* Alice, fruto do nosso amor. Ainda não somos felizes para sempre, mas nos empenhamos em escrever essa história a cada dia.

Deixo aqui minha gratidão a Deus por cada pedra no percurso, pois todas elas me fizeram chegar até aqui. E convido você, portanto, a olhar para a sua vida, listar todas as dificuldades que teve no seu caminho e manifestar gratidão. Entenda que nada é por acaso. Se um conselho posso deixar, é que desistir nunca será uma opção. Acredite em você e nos seus sonhos.

“Deus nos convida a uma vida de abundância. Se isso não está acontecendo, é preciso corrigir a rota e reorganizar as emoções e os sentimentos."

Adriana Oliveira

Alessandra Portela

Sou Alessandra Portela, natural de Curitibanos (SC). Atualmente, resido nos Estados Unidos com a minha linda família. Sou casada há 24 anos com Egnangelo Soares Arruda (Dico) e mãe da Rebecca, meu milagre.

Estudei Teologia III e fiz meu mestrado pela Christian Preach College, além de ter aprendido sobre inteligência emocional e concluir vários outros cursos e módulos. Também sirvo ao Senhor como missionária na catedral de adoração de Woburn. Sou líder dos casais ao lado do meu esposo e coordeno o projeto Aliançadas, com o propósito de auxiliar mulheres por meio dos ensinamentos da palavra de Deus.

alessandraportela

+1 (617) 866-2408

alessandraportela662@gmail.com

04 GERANDO VIDA NO LAR

POR ALESSANDRA PORTELA

Como está o seu lar hoje?

A nossa casa reflete quem nós somos, o que sentimos e como escolhemos viver. Temos o poder de atrair a atmosfera do céu sobre o nosso lar, e isso depende de cada uma de nós! Ou seja, o que queremos fazer com as nossas emoções? Você já refletiu sobre isso? Nosso lar deve ser um lugar onde expressamos as nossas habilidades e o nosso caráter, seguindo regras básicas como a gentileza, o carinho e a devoção. Além disso, quero confrontar você neste momento: a sua casa é um refúgio de paz ou um antro de confusão? Deus nos ensina a orar e vigiar; por isso, devemos nos capacitar e buscar mais da sabedoria que vem Dele. O tempo todo é preciso viver pelos Seus princípios.

Mas talvez você se pergunte: por que devo me preocupar com minha casa e com as pessoas que vivem nela? Bom, é necessário se importar com todos os lares, seja um apartamento, uma casa grande, um quarto alugado ou um local temporário. Deus nos confiará a sua benção se depositarmos Nele a fé e O buscarmos de todo o coração, para que em tudo tenhamos sucesso e paz. Às vezes, você nem imagina as consequências que podem surgir pela má administração da sua vida e do seu lar. Mas, independentemente de onde mora, você tem cuidado do lugar em que está? Pois, se estiver tornando o seu lar um abismo de problemas e cuidando dele de qualquer maneira, realmente você está sendo muito descuidada! Porque não importa se você tem uma casa bonita ou se mora em uma mansão, nada terá sentido se não houver nesse local paz e amor; ou seja: a presença do Espírito Santo.

Valorizarmos a nossa casa é estarmos ligadas a Deus, é poder falar do amor Dele de dentro para fora, é ser referência na vida das pessoas que estão ao nosso redor. Esse é o propósito da vida no lar! Por isso, se você ainda não tem sua casa própria e sonha em conquistá-la, não deixe de cuidar do local em que vive, hoje! No Livro de Lucas (16:10-11), a palavra diz que devemos ser bons administradores de tudo quanto o Senhor nos confiar. Tudo que vem às nossas mãos precisa ser cuidado com amor e zelo. Busque sempre a sabedoria da palavra de Deus e a aplique continuamente em seus dias. Assim, quando você tiver o seu próprio lar, e se você for fiel no pouco, Deus lhe conduzirá ao muito e, certamente, realizará os sonhos e desejos do seu coração.

Qual é o princípio da mesa no lar?

Em Lucas 24:31, a mesa é a referência bíblica que diz: "Jesus sentou-se à mesa com eles, tomou o pão, pronunciou a benção, partiu e deu a eles. Neste momento, seus olhos se abriram e eles o reconheceram." Não há ato mais elevado e sagrado do que partir o pão. Não por acaso, Jesus escolheu a mesa como sinal da sua presença. Durante sua vida na Terra, Ele comeu com discípulos, prostitutas e pecadores – não discriminou ninguém! Em vez disso, compartilhou a vida e o pão. Ao ressuscitar, a lógica do compartilhamento permaneceu, o que nos mostra que Ele se faz presente entre nós. Logo, devemos sempre nos sentar à mesa com nossa família, nossos amigos, com as visitas e com as pessoas ao lado de quem Deus nos permite proferir Seu amor em suas vidas.

Devemos ter em mente que a mesa é o lugar central da casa; é o local de centralizar assuntos e, também, de saciar a fome. É fundamental estarmos sempre preparados para nos sentar à mesa, compartilhando os bons momentos e desfrutando do conhecimento e da palavra de Deus. Porque, se você está triste e perturbada com algo, a sua mesa se torna um lugar vazio e sem razão. A mesa é o lugar em que dizemos: "Você faz parte! Você é bem-vindo, Espírito Santo!". Porque conversas profundas não podem ocorrer em mesas rasas." Certamente, isso se relaciona a estar na presença de Jesus, e sempre convidá-lo a fazer parte da sua mesa.

Quem você tem convidado para a sua residência? Em qual mesa você tem se sentado? Existem mesas nas quais não há mais comunhão, amor ou reflexão, e hoje isso tem representado um grande desafio em muitos lares. Além disso, há pessoas que não compartilham mais da mesma visão e da mesma caminhada que você, e essa não pode ser a sua direção. Segue uma dica: libere as pessoas que não estão com você, a fim de que o seu propósito seja concluído. Afinal, na maioria das vezes, Deus coloca pessoas temporárias em nossas vidas para aprendermos sobre a verdade e os processos em nosso meio. E não se deixe abalar, porque há tempo para tudo, até mesmo nas próximas estações, pois Deus nos leva às pessoas específicas para caminharem conosco.

Em Lucas 24:30, fala-se sobre a conexão da palavra de Deus à mesa. Explica-se o compartilhamento do pão da comunhão e a necessidade de acertar o que precisa ser acertado. Existe uma diferença entre casa e lar: casa é o lugar ao qual as pessoas vão para dormir, onde usam o banheiro, comem e bebem. Temos pressa para sair dela e retardamos a hora de voltar. Já lar é o lugar em que os membros de uma família anseiam por estar, onde repõem suas energias, se alimentam de afeto e encontram o conforto do acolhimento.

O que temos a oferecer para as mulheres que se esqueceram de suas identidades e de quem elas são em Deus? Estamos preparadas para servir ao próximo? Gerar vida no lar requer tempo e dedicação. Fomos chamadas para inalar o perfume de Cristo e não para nos desfazermos de suas promessas.

Você tem vivido a gratidão nos seus dias?

Seja grata por tudo aquilo que Deus tem dado a você. Com a graça de Deus, somos habilitadas a realizar mudanças em qualquer área de nossas vidas. Com um coração grato, Ele nos torna mais fortes e resilientes em quaisquer desafios que aparecerem. Pois, a palavra diz que: "Neste mundo teremos aflições; contudo, tenham bom ânimo! Eu venci o mundo!" (João 16:33). Então, seja humilde e não reclame! Agradeça por tudo o que você tem, pelo pão de cada dia, pela oportunidade de recomeçar a cada amanhecer, pelo ar que você respira, pelo sopro da vida, pelo amor de Deus por você. Acredite: por pior que um problema possa parecer, sempre haverá alguém enfrentando algo mais difícil! Portanto, agradeça mais e não murmure e se queixe diante das circunstâncias, pois a gratidão gera bençãos se a praticarmos todos os dias.

Pelas manhãs, quando acordo, gosto de ter um tempo para mim e para Deus. Logo após, eu amo preparar o café da manhã e tomá-lo com a minha família. Como mãe e esposa, tenho a obrigação de conseguir mudar o ambiente da minha casa, pois já me levanto sendo uma pessoa alegre, sempre louvando e agradecendo a Deus por mais um dia abençoado, e isso contagia muito a minha família. Todos até brincam e me chamam de o "Sol da Alegria".

Mulher sábia, o que tem feito para tornar o seu lar um lugar de paz?

Comece orando e declarando vida nos seus filhos, no seu esposo, e profetizando na vida deles o amor, a paz, a saúde e a alegria. Invista em viver de forma sábia, tornando cada ambiente do seu lar um local de paz e bençãos, sendo uma mulher que edifica a sua casa.

Lembro-me de quando eu era pequena e, às vezes, dormia na casa da minha avó. Lá, ela orava com seus netos e colocava a mão em nossas cabeças, declarando sobre nossas vidas as bençãos de Deus. Como era bom: já estarmos deitados na cama, com o sentimento de paz e conforto, podendo sentir aquele ato profético! Era de muita valia e ainda é! Hoje, tendo minha avó como referência, faço com minha filha o mesmo que ela fazia comigo. Sempre abençoo o dia dela, desde a hora em que acorda e vai para a escola em paz. Assim, ela está aprendendo também a agradecer e orar pelo seu dia.

Com seus 5 anos, minha filha um dia notou sua amiguinha chorando muito, com medo e insegura pelo fato de sua mãe a ter deixado na escola. Então, disse a ela que pedisse à sua mãe que orassem juntas antes de ir para a escola, pois assim ela não teria mais medo e nem choraria mais! Minha filha falou: "Da mesma forma que minha mãe ora comigo e dá certo, para você também vai dar!", ensinando para a sua amiguinha que, quando oramos, Deus nos ajuda a sermos corajosos e nos dá conforto. Você, filha de um pai que é dono do ouro e da prata, faça isso também. Siga esse exemplo de oração! Nossas orações têm poder. Faça pelos seus, e não deixe o seu lar sem o prazer de gerar vida. Dedique-se, pois nem todos estão dispostos a isso.

Você faz a mesa para a sua família ou só quando há visitas? Nosso melhor sempre precisa que ser para os nossos. Devemos viver como antigamente, quando se usavam as melhores vasilhas, os melhores copos e as melhores xícaras. Tudo era bem diferente do que vivemos hoje. Faça a diferença: transforme o seu lar na melhor experiência. Faça isso por sua família! Não espere o dia de amanhã: faça hoje! Ao compartilhar as refeições com familiares e amigos, convidem o pão da presença para integrar essa mesa. Certa vez, cheguei a um lar no qual a mulher nunca tinha preparado a mesa para a família, e foi marcante ver seus sentimentos transbordando diante de uma mesa posta. Ao ver isso, ela ficou impactada e entendeu a importância da mesa no lar. Logo depois, essa mulher me disse que fez um jantar e chamou a sua família para se reunir à mesa. E então os seus filhos, o esposo e todos os demais presentes perguntaram se eles iam receber visita. Foi linda a experiência vivida por essa família: a de se juntar à mesa e ter comunhão – o tempo precioso de qualidade, o amor ao redor da mesa. A mesa é o termômetro da família, porque, onde todos têm comunhão, não há espaço para as estratégias do mal.

"Porque conversas profundas não podem ocorrer em mesas rasas."

Alessandra Portela

FOCO
DANIEL GOLEMAN, PH.D.
Manual de Programação Neurolinguística
PNL
JOSEPH O'CONNOR
A INTELIGÊNCIA
AS LEIS DINÂMICAS DA PROSPERIDADE
PAULO VIEIRA
EDUCAR, AMAR E DAR LIMITES
TONY ROBBINS
TED
COACHING INTEGRAL SISTÊMICO
LO AGORA

Aline Araujo

Sou Aline Araujo, natural do Rio de Janeiro (RJ), e moro em Campo Grande (RJ) com a minha família abençoada: meu esposo Marcelo, com quem sou casada há 17 anos, e minhas filhas Ana Beatriz, a minha primogênita, e Sofia, a minha caçula.

Sou treinadora comportamental, *master coach* e mentora para autoconhecimento. Minha jornada de formação iniciou em 2017, quando passei por instituições conceituadas, adquirindo conhecimento e experiência em performance e comportamento humano. Foram muitos desafios até chegar aqui, mas as mudanças que experimentei me provaram que é possível ser uma mulher na essência quando você descobre quem você é. Essa jornada mudou minha história e me permite, hoje, viver meu propósito transformando vidas.

alinedaraujotreinadora

+ 55 (21) 98231-8628

alinearaujoanalista.treinadora@gmail.com

05 O PODER DE SE DESCOBRIR E SE TORNAR UMA MULHER NA ESSÊNCIA

POR ALINE ARAUJO

Passei anos da minha vida fora da minha verdadeira essência, sendo uma criança extremamente tímida que não brincava em festas e com dificuldade de interação. Tornei-me uma adolescente um pouco melhor, mas, ainda assim, de poucos amigos e sempre um tanto reservada. Ouvia falar de Jesus desde muito nova, mas só aos 18 anos entreguei minha vida a Ele. Nesse mesmo período, precisei superar o fim de um noivado precipitado, porém segui em frente com a minha vida até conseguir realizar meu sonho de formar uma família. Isso aconteceu aos 24 anos, quando me casei com meu esposo.

Minha vida "parecia boa", mas, na verdade, faltavam peças no meu quebra-cabeça. Eu oscilava em minha autoestima; tinha episódios de estresse em que simplesmente explodia. Nessa fase, já com a minha filha mais velha nascida, eu não tinha domínio sobre o que acontecia dentro de mim. Não sabia fazer a gestão de mim mesma e estava cada vez mais distante da minha essência. Sentia-me intensamente estressada, e achava que isso ocorria pelo fato de eu estar longe da minha filha, por conta do trabalho.

Enfim, eu queria mudanças, mas não sabia exatamente quais. Até que meu casamento começou sofrer as consequências disso. Sendo cristã, cada confusão, briga e estresse traziam muito desconforto e incômodo ao meu espírito, porém eu procurava sempre exercitar minha fé e minha intimidade com Deus. Vivi um período de intensas orações por meu casamento, mas tinha um ponto crucial que eu não notava: achava que o principal culpado de tudo era o meu esposo. Pensava que ele não me entendia, não sabia lidar comigo, e que, quando ele mudasse, tudo ficaria bem. No entanto, foi exatamente nesse período que Deus me permitiu viver uma jornada para entender que eu precisava olhar para dentro de mim! Eu precisava aprender a viver pela minha essência. Na verdade, eu precisava descobri-la dentro de mim.

Nesse momento da minha vida, o cenário era o seguinte: eu não tinha grandes sonhos, exceto o de comprar uma casa – mas, ao mesmo tempo, não acreditava que podia conseguir isso. Eu me relacionava de maneira totalmente disfuncional com o dinheiro; tinha oscilações constantes de autoestima, e isso me levava a um consumismo desenfreado, pois comprar era a minha válvula de escape. Nutria comportamentos disfuncionais e não conseguia perceber isso, até que comecei a buscar fontes de conhecimento sobre emoções, estresse e ansiedade. Assim, timidamente, em 2012, iniciei uma jornada de autoconhecimento. Mas ainda havia muito trabalho a ser feito. Comecei a perceber que havia coisas fora do lugar dentro de mim, contudo não entendia ao certo o que deveria fazer. Queria mudar, mas como? Eu tentava, eu queria, porém, naquele momento, isso ainda era algo complexo.

Comecei a viver em ciclos. Passava um tempo bem até existir uma nova tensão, insatisfação, um novo estresse ou desânimo. Apesar de tudo, mantinha a minha fé. Deus não me deixou desistir do meu casamento, de ser uma pessoa melhor, de viver uma vida diferente. Ele sempre cuidava de mim com detalhes que me faziam crer que estava ali no processo comigo, apesar dos desafios. Foram muitas noites de choro e pensamentos sem resposta. Será que um dia serei diferente? Será que é possível eu me transformar? Será que um dia terei um casamento renovado, uma relação saudável com as pessoas que amo? Será que vou sonhar com algo e realizar isso, um dia? Será que vou ser bem-sucedida profissional e financeiramente?

Meu primeiro impacto nessa tímida jornada pelo autoconhecimento se deu ainda em 2012, ao receber um *feedback* de pessoas mais próximas sobre os meus pontos fracos e fortes. Pasme! Eu não conseguia enxergar os pontos fortes que eles viam em mim. Nesse momento, de fato, me dei conta de que precisava descobrir quem eu era. Eu me animei em perceber que havia coisas boas em mim, além dos rótulos que eu vinha carregando, como o de ser estressada, ansiosa, insegura, ciumenta, endividada e, talvez, alguns outros mais. Com esse novo ânimo, eu me determinei a continuar buscando o que fosse preciso para mudar meus comportamentos. Queria de verdade ser uma esposa melhor, uma mãe melhor, uma filha de Deus melhor e uma pessoa melhor do que vinha sendo. Mas esse processo não depende apenas do querer: é preciso decidir ser uma pessoa diferente. Minha aventura estava só começando.

Os desafios continuaram acontecendo porque, acredite, se você precisa vencer e superar algo, não pense que Deus vai lhe manter afastada disso. Ao contrário, você vai se aproximar do seu maior desafio para ter a oportunidade de vencê-lo. É assim que a vida acontece. Não seja ingênua em pensar que sua vida muda num passe de mágica, como num conto de fadas. É nas experiências e em meio às crises que temos a chance de agir de modo diferente. Na verdade, tudo é uma grande oportunidade, e você precisa de algo que lhe mova internamente a ponto de levá-la à ação. Eu cheguei a esse ponto. Eu queria muito que toda a minha realidade fosse diferente e acreditava que Deus Queria essa mudança tanto quanto eu. Isso era o que queimava dentro de mim e não me deixava desistir.

Mas os ciclos se mantinham: havia tensão nos meus relacionamentos – principalmente no casamento – e problemas financeiros, que eram amenizados com uma alguma realização alcançada. Até que, em 2015, eu engravidei da minha filha caçula. Naquele momento, tudo ficou escuro. Mesmo que lá atrás eu estivesse decidida a viver de maneira diferente, eu ainda não conseguia enxergar um futuro promissor, só via o pior. Lá estava eu em um intenso momento de oscilação novamente, cogitando as piores possibilidades, como ficar sem casamento, sem emprego, sem estrutura emocional, sem dinheiro e sem felicidade! Nessa época, eu quase oscilei em minha fé, a ponto de acreditar que fui criada para fracassar. Sabe aqueles momentos da vida em que tudo o que você tenta fazer dá errado? Eu estava passando por isso. Foi muito difícil. Mas, na verdade, era um ciclo que estava se fechando em minha vida, para que eu pudesse experimentar de fato o que era viver na essência. Nos três primeiros meses de gestação, eu só chorava e vomitava. Porém, ao passar essa fase, eu realmente ganhei um novo ânimo (novamente, graças a Deus!). E, agora sim, vivia o início da minha nova história!

Mas você lembra que, eu falei que se há algo para você vencer, você será desafiada? Quando minha filha Sofia estava com pouco mais de 4 meses de vida (acredito que antes que eu oscilasse e entrasse no modo "desânimo" novamente), fui acometida por um abscesso na garganta que me levou a uma internação de 6 dias. E, então, longe das minhas filhas, da minha casa e do meu esposo, não podia fazer nada. Eu tinha duas escolhas: ser vítima ou vencer aquele momento e voltar para a minha família, minha casa e minha vida. Essa foi a minha primeira grande decisão. Depois de querer muito que mudanças acontecessem, decidi vencer de verdade – e daquela vez era para valer!

Em uma das noites deitada naquela cama e olhando para meu esposo encolhido no sofá do quarto do hospital comigo, ouvi o Espírito Santo me dizer que eu só precisava abrir mão do controle e desejar viver meu processo. Eu deveria mudar de verdade o que fosse preciso dentro de mim para que as mudanças que eu queria experimentar do lado de fora pudessem acontecer. Então, decidi aproveitar "aqueles dias de descanso" e mergulhar na presença de Deus e em sua palavra.

Ao receber alta, saí do hospital já com algo diferente dentro de mim; o Espírito Santo foi o meu primeiro mentor e treinador. Eu tinha um espírito e um ânimo novos, uma outra determinação, uma vontade intensa e comecei a viver o jogo da minha vida para ganhar de verdade. Debrucei-me em conhecimento por meio de livros, casamento, emoções, autoestima e tudo o mais que eu julgasse relevante naquele momento. Havia em mim uma disposição nova para alcançar a solução para os problemas. Em 2017, conheci o conceito de inteligência emocional. Uau, ganhei uma nova mentalidade! Estava diante de ferramentas para, então, viver com intensidade a minha jornada de autoconhecimento. Comecei a florescer em minha essência e descobri que queria ajudar outras pessoas.

Encontrei meu valor pessoal, passei a acreditar em mim e entendi que podia mudar a partir do momento que me descobria: só dependia de mim. Agora, eu estava decidida e no caminho, começando a acessar as ferramentas certas. Eu não mudei sozinha; nós precisamos de pessoas que cumprem seu propósito e nos levam a viver o nosso propósito também. Comecei a encontrar essas pessoas, e era como se eu estivesse em um mundo novo. De fato, eu estava!

Passei a entender e gerenciar minhas emoções. Acessei ferramentas poderosas como o mapeamento de perfil, o que me trouxe clareza sobre a minha personalidade. E, à medida que ia estudando e aplicando em minha própria vida todo o conhecimento a que eu tinha acesso, fui me tornando *expert* em mim mesma. Aprendi que eu podia ser dona do que acontecia dentro de mim, em vez de ser escrava dos meus pensamentos, sentimentos ou minhas emoções, como antes. Mudei nas minhas relações e em meu casamento. Aprendi que podia sonhar e realizar, porque entendi em que eu me sabotava. Mudei a minha relação com o dinheiro e, hoje, não sofro mais com o estresse e nem com a ansiedade. Tenho uma visão de futuro positiva, um casamento restaurado, um estado interno positivo e, mais do que isso, percebi que podia transbordar tudo o que aprendi e comunicar esse conteúdo para os outros! Descobri minha verdadeira vocação para transformar vidas. Há dois anos, comprei minha casa. A menina tímida se transformou em uma grande comunicadora!

Descobrir a mim me permitiu ser uma mulher na essência. Vivo hoje o meu propósito. Eu pude, e você também pode! Então, decida agora o que você vai fazer, na prática, para começar a **se descobrir**. Defina duas ações que vão lhe ajudar nesse processo. Se você estiver disposta, alcançará o seu propósito! E, se a minha jornada fez algum sentido para você, conte comigo para te ajudar na sua. Descobrir-se é poderoso para se tornar, na essência, a mulher que você nasceu para ser, seja qual for a sua história!

"Descubra-se e ative seu ser!"

Aline Araujo

Andréia Oliveira

Meu nome é Andréia Oliveira, sou filha amada de Deus, esposa do Valter Pamplona e mãe do Paulo Guilherme, com os quais aprendo todos os dias.

Sou *coach* formada pela Febracis e psicanalista cristã em formação. Também sou analista comportamental, me graduei em Letras e sou especialista em Princípios Milenares, treinada por Tiago Brunet.

Idealizadora da imersão Identidade Revelada e do devocional Manhãs com o Espírito Santo, ajudo mulheres a acessarem sua real identidade, ressignificando suas dores por meio do gerenciamento de suas emoções.

andreiaoliveiraoficiall

+ 55 (34) 99802-1701

Andreia Oliveira

andreiaoli2015@gmail.com

06 ESCOLHA SE LEVANTAR!

POR ANDRÉIA OLIVEIRA

Desfazer-se dos rótulos que nos colocam, ter a coragem e a ousadia para arrancar as máscaras que por anos somos obrigadas a utilizar por medo, rejeição ou dependência emocional é algo desafiador para a maioria das mulheres. Isso ocorre pois carregamos a necessidade de corresponder às expectativas alheias. Foi exatamente assim que eu adoeci e vejo inúmeras mulheres adoecerem diariamente, enclausuradas em seus temores, vivendo em um mundo solitário e cheio de culpas que nos paralisam e nos condenam o tempo todo.

Há mais ou menos seis anos, me vi inserida em um cenário do qual, hoje, ajudo muitas mulheres a saírem. Vivi uma realidade devastadora de depressão, crise de pânico e quase surto psicótico. Além disso, estava em um casamento falido que, mais tarde, descobri ser fruto da ferida causada pelo abandono que carregava em relação à ausência paterna, a qual designei ao meu marido. Foi a primeira vez na vida em que eu acreditei, com todas as minhas forças, que a vida já tinha acabado para mim. Sentia que Deus, em quem sempre acreditei e com quem tive infinitas experiências, havia me abandonado, esquecido. Pensava que talvez Ele estivesse atarefado demais para olhar para mim naquela situação, tão doente emocional e espiritualmente.

Não se enganem: todos os pilares da nossa vida estão interligados, "Assim nós, que somos muitos, somos um só corpo em Cristo" (Romanos 12:5).

Estava em um buraco do qual, quanto mais eu procurava sair, mais submersa ficava. Ali me senti verdadeiramente sozinha e com minha identidade totalmente deturpada; não sabia mais quem eu era. A vida, que antes me era tão preciosa, havia perdido o brilho. O sorriso, que antes era fácil, se apagou diante de um vazio de alma seguido por sintomas psicossomáticos que se arrastaram por meses. Teve um momento em que me vi obrigada a olhar para mim mesma pela primeira vez e enxergar as feridas que estavam expostas e sangravam incessantemente. Precisei mergulhar de cabeça e trazer à superfície a mulher que, por toda a vida, socorria a todos, mas que se esqueceu do principal mandamento que nosso Pai nos deixou: "Amar a Deus sobre todas as coisas, e ao próximo como a ti mesmo" (Mateus 22:37). Esse princípio nunca tinha existido para mim. Sempre havia sido todos os outros primeiro e, depois, bem depois, minhas vontades e meus sonhos. Os outros tinham tudo de mim, e eu ficava com o que sobrava, se sobrasse. Então, fui aprendendo que, antes de conhecermos quem quer que seja, devemos ser peritas em conhecer a nós mesmas.

Com as emoções desalinhadas, a mente perturbada por pensamentos acelerados e o corpo debilitado diante de tamanha dor, comecei meu doloroso, mas extremamente necessário, processo. Precisei de medicamentos fortes que, inicialmente, me fizeram sentir pior do que já me sentia. A terapia, por sua vez, me ajudou a acessar a minha criança interior – medrosa e insegura pelas marcas de uma infância que, embora tenha sido cercada de possíveis amigos, foi solitária. Houve o perdão para aqueles que, frutos de suas dores, repassaram à frente sua forma de amar. Também trabalhei a cura interior das feridas que eu tentava a todo preço esconder de mim mesma. Além disso, tive contato com pessoas que, com o coração empático, me ajudaram nesse resgate. Precisei colocar luz naquilo que por anos me esforcei para manter no escuro. Foi necessário deixar arder, num processo semelhante à ação do mertiolate – que nossas mães insistiam em passar em nossos joelhos ralados pelas travessuras.

Nesse período, compreendi de fato quem estaria comigo nessa caminhada. Eu me surpreendi com uns e me assustei com outros, mas me mantive firme. As noites em claro revelaram dias longos de espera até que o medicamento fizesse efeito, e a busca incansável para que eu fosse colocando tudo no seu devido lugar terminasse. Minha casa estava suja e desorganizada, e era urgente visitar o quartinho da bagunça.

Sentia o olhar perdido do meu filho, que tentava entender aquele contexto de dor e incertezas ao examinar a mãe que, por muito tempo, se manteve inabalável por fora, mas completamente desorganizada por dentro. Meus olhos buscavam o apoio no meu marido, mas ele não conseguia me ajudar, pois também carregava dentro de si dores insuportáveis e desafiadoras com as quais tinha que lidar. Entendi que, por mais que as pessoas queiram nos auxiliar, elas também carregam seus fardos. Por isso, na maioria das vezes, não conseguem lidar com aquilo que as aprisiona e machuca. Hoje eu consigo entender isso de forma muito clara, mas foram necessários anos para chegar a essa conclusão.

Aprendi que, quanto mais demoramos, mais fundo temos que nos permitir ir, e eu fui até a raiz daquilo que havia me deixado doente. O fato de eu ter esquecido, ou nunca ter acessado minha identidade, trouxe para a minha vida dissabores que me obrigaram a fazer o caminho contrário de todos. Eu precisei abrir a porta pelo lado de dentro – a única que dá acesso às nossas verdades, capacidades e vulnerabilidades. Girei a chave e comecei a viagem que ainda não acabou. Jurei para mim mesma nunca mais me deixar, me perdoar, me aceitar todos os dias, cuidar de mim e me parabenizar. Quantas de nós somos incapazes de olhar com amor para as nossas conquistas, mas nos mostramos implacáveis ao apontar nossos erros, sendo o nosso pior algoz?

Saber quem somos é uma questão de sobrevivência. Reforçar em nós a identidade de filha amada de Deus é extremamente necessário em um mundo que nos dita tantos padrões e que está mais preocupado com o que fazemos do que com quem realmente somos. Um mundo que enfraquece a todo momento as nossas identidades, com comparações descabidas e disputas desiguais.

Fui ferida diversas vezes, assim como você, que está lendo este capítulo, também foi. No meu caso, as feridas já apodreciam, pois é justamente isso que acontece quando não tratamos o que nos machuca. Estamos habituadas a esconder e fazer de conta que está tudo bem; e, embora estejam escondidas, as feridas não estão curadas, ou seja, ainda são feridas que necessitam de tratamento.

A vida exige de nós o tempo todo que tomemos decisões – e, em meio à dor, não é diferente. Naqueles dias, que foram seguidos de meses e anos, tive que tomar uma decisão e escolhi me levantar – para que, com a ajuda de Deus e a instrução do Espírito Santo, pudesse levantar outras mulheres.

Entenda: nunca será sobre você, sempre será sobre quem Deus colocar em sua vida para que, por meio do seu testemunho, essa pessoa também escolha se levantar. Esse processo começou há cerca de seis anos, mas até hoje tomo a decisão de continuar. Todos os dias, temos que escolher se vamos nos levantar ou se ficaremos deitadas, se vamos falar ou calar, se corremos atrás dos nossos sonhos ou se continuaremos a ver os outros realizando os sonhos deles. Foram, portanto, dias, meses e anos me permitindo sentir, entendendo que nem todos os dias serão de glória. Porém, em todos eles, eu posso contar comigo mesma e com Deus, que sempre esteve ali.

As feridas, antes expostas, hoje são cicatrizes que me lembram sempre do lugar de onde Deus me tirou. Só consigo agradecer, pois feridas curadas representam vidas transformadas, que vão sarar e transbordar em outras vidas. Absolutamente nada vai mudar se você não escolher mudar por dentro. Quando você se torna livre internamente, não existe nada que lhe aprisionará por fora. Escolha olhar para o sol e as sombras ficarão para trás. A dor nos ensina, amadurece e fortalece. Ao passar por ela, nunca mais essa mesma dor nos enfraquecerá.

Sigo no caminho de sempre buscar minha melhor versão, de fortalecer minha identidade e reforçar a missão de levantar mulheres quando tudo parecer perdido e quando todos parecerem ir embora, nos deixando sozinhas – assim como quando éramos crianças, com medo do escuro.

O processo nunca acaba, e cada dia exige de nós um despertar diferente. Logo, é necessário ter consciência, pois somente assim podemos trazer à superfície aquilo que jurávamos que tínhamos que manter encoberto, e que nos impede de viver a cura completa que Deus deseja fazer em nós.

Não sei o que machuca a sua alma e o que tem feito sangrar o seu coração; não sei quais pensamentos têm permeado a sua mente, impedindo você de avançar, mas, minha irmã, vence quem fica de pé! Vence quem supera dores! Quem está mal por dentro fere quem está do lado de fora, e nós somos fomos feitas para curar, acolher, perdoar e amar. O que você vê como problema, Deus chama de treinamento. É no deserto que somos forjados, discipulados, curados e levantados. O colo de Deus é o lugar onde podemos descansar, na certeza de que Ele é o único que fará sempre o melhor para nós.

Não fuja dos desconfortos que lhe edificam: encare-os com toda a verdade do seu coração. Coloque luz nas trevas. Sua condição hoje não determina o seu futuro, mas suas decisões, sim. Toda caminhada começa com um primeiro passo, e só quem foi resgatado pode resgatar. Seja paciente consigo mesma e entenda que nossa construção e nossa reconstrução são diárias e acontecem lentamente, enquanto decidimos continuar caminhando, apesar do cenário adverso. Sua realidade hoje pode estar completamente distante do que você tem sonhado para a sua vida, mas acredite: você foi criada para ser benção nesta geração.

Espero que minhas palavras toquem a sua alma e a estimulem a também se levantar e lutar por você. Que seja leve, doce e abençoada a sua trajetória nesse presente que é viver! E que ocorra primeiro em você, para, depois, ocorrer por meio de você!

Obrigada, Paizinho! Obrigada, Espírito Santo, pelo amor, direcionamento e cuidado!

"Deus quer presentear
essa geração com algo que
somente você pode entregar.
Portanto, se apresse em saber
quem realmente você é!"

Andréia Oliveira

Anna Paula James

Sou Anna Paula, esposa do Isaiah James e cristã desde o meu nascimento. A curiosidade pela língua inglesa me levou a ser professora. Minha formação como turismóloga me permitiu trabalhar na Booking.com e minha especialização em Gestão de Negócios me capacitou para administrar nossa empresa. O amor por Jesus me deu a oportunidade de fazer parte do projeto da Igreja Batista de Sinop – Grão de Mostarda – e ensinar inglês para crianças carentes. No entanto, foi a paixão por livros que me levou a escrever sobre meus sentimentos, minhas experiências, falhas e conquistas. Compartilho aqui parte da minha história tendo Jesus como meu resgatador. Sara foi assim: "(...) Você será agora sua filha se praticar o bem e não tiver medo de nada". (1Pe 3:6).

annapaula.james

annapaula-machado@live.com

Blog annapaula-machado.wixsite.com/sarahsdaughters

(Com o meu e-mail, você me encontra no Facebook, Canva e Kahoot!)

07 ENFRENTANDO OS MEUS MEDOS

POR ANNA PAULA JAMES

A vida se faz a partir da combinação de muitos aspectos; quando damos espaço ao medo, este acha lugar em um desses ângulos e vai se infiltrando em todos os demais. Eu cheguei a ser dominada por ele. Enfrentei muitas adversidades e, por isso, várias pessoas achavam que eu era forte e determinada. Mal elas sabiam que eu também me sabotava o tempo todo. Eu fugia do sucesso por medo do fracasso. Escondia a minha essência com medo de servir de deboche. A lista dos meus medos era grande: de reprovar, de ser julgada, de nunca ser amada e/ou vir a me casar, e de não ter filhos. Também tinha medo de nunca me realizar profissionalmente. Temia até não ser a filha ou a irmã que a minha família merecia. O medo de não ser aprovada pelas pessoas que eu julgava serem importantes era como uma sombra que me acompanhava por onde quer que eu fosse. E, por fim, talvez o temor mais dolorido de todos: o pavor de não ser o bastante.

Desde o Ensino Fundamental, eu evitava fazer amigos, para não ter que responder às curiosidades sobre mim. Não queria ser notada por quem usava a minha aparência para determinar quem eu era. Aprendi desde cedo que a maioria das pessoas não conseguiria usar outro método. Como eu nasci com fissura labiopalatal, ouvia sempre a mesma pergunta: "Por que essa cicatriz?" – e não queria mais repetir a mesma resposta. Por um tempo, até tinha um certo orgulho de tudo o que enfrentava, da guerreira que eu era, mas, logo depois, passei a me fechar e a criar um mundo paralelo. Nesse mundo, eu ria das pessoas que, na minha mente, debochavam de mim. Meu olhar passou a procurar nos outros as cicatrizes visíveis somente pelos olhos da alma. Assim, comecei a desenvolver um olhar tão crítico que estabeleci parâmetros que nem eu mesma conseguia atingir. A faculdade deu vazão e substância a esses sentimentos de inferioridade, e a consequência disso foi odiar a sociedade. Acabei simpatizando com os revoltados da universidade que desejavam uma comunidade alternativa.

Quando me formei e abri uma escola de inglês, percebi que a falta de valores que condenei se repetia nessa sociedade utópica, que tinha como guia a maioria daqueles que faziam parte do sistema de Ensino Superior.

- Aparência: em vez da "Pati" de salto, a revoltada de tênis de marca.
- Prepotência: ao me achar parte de um movimento superior ao outro.
- Hipocrisia: criticam o uísque caro, mas gastam o mesmo valor num outro tipo de "amortecedor" de emoções.
- Inveja: é como alimentar um monstro e querer que ele negue seu próprio instinto. A 'autopromoção' alimenta o instinto chamado cobiça. Esta desperta o ego, que é contra a generosidade, a renúncia e o desapego. Que ciclo vicioso vivemos hoje com as redes sociais, que são as ferramentas de manipulação de egos inflados e desejos insaciáveis!
- Competição: acredito que querer fazer o outro cair para dividir é tão ou mais competitivo do que lutar para alcançar o que desejamos para nós.
- Persuasão: para um grupo, isso é conscientizar; para outro, é influenciar.
- Ganância: um quer tudo o que puder conquistar para si, já o outro quer tudo o que seu grupo decidir que lhe é de direito.

A essência dos problemas não muda, porque os medos são os mesmos, a falta de valores é a mesma. Para alguns, humildade é cumprimentar todas as pessoas com um sorriso – quando, no seu coração, o que se passa é a possibilidade de influenciá-las, de torná-las clientes fiéis ou seguidoras fanáticas. Quando vivemos os princípios humanos, não conseguimos um projeto de governo ou estilo de vida que reflita a essência do Criador. E foi no Rei Jesus que encontrei a minha essência.

A falta da essência divina e seus valores são as causas dos conflitos entre as pessoas. Eu vivi nesse redemoinho, nesse conflito de ideias e interesses e fui sendo consumida por isso. Assim, o medo foi se tornando a resposta para tudo, até para a minha proteção. Isso me protegeu tanto que não me deixava viver. Todos os meus medos têm sido confrontados pelo Espírito da Verdade que vive em mim. Ele me deu muitas oportunidades para enfrentá-los por escolha própria, e eu só consegui isso quando não havia mais escolha e deixei o Espírito Santo me dirigir. A falta de opções é um presente do Eterno para nos levar à escolha acertada. Sem alternativa, aceitei uma oferta de trabalho numa multinacional; os *feedbacks* e as críticas que recebi, tanto de colegas quanto dos meus supervisores, foram o começo da minha restauração.

Aos 10 anos de idade, comecei a trabalhar na loja de uma tia; depois, auxiliava minha mãe vendendo Avon e Natura. Em seguida, nos finais de semana, servia mesas e lavava louça na nossa pastelaria. A minha escolha de trabalho depois da faculdade teve a ver com o medo de ser corrigida ou ensinada. Eu confundia correção com humilhação e só enfrentei o estágio porque era obrigatório. Para a minha tristeza, sofri um assédio sexual, e isso só aumentou meu pavor. Na verdade, tal acontecimento foi determinante na minha escolha de não ter um chefe.

Assim, abri meu negócio e me tornei minha própria líder, achando que assim estaria livre da opressão. No entanto, enquanto tentava manter uma escola de idiomas, minha vida amorosa representava o pior pesadelo da minha existência. Perdi, ao todo – entre namoro, noivado, separação e recuperação –, nove anos. Foram nove longos anos de medo profundo de existir. Depois disso, fiquei tão quebrada que sentia que nunca mais ia conseguir ser uma pessoa completa. Mal sabia que, nisso, o Senhor Deus também trabalhava. Acredito profundamente que isso faz parte do quebrar do eu que a nossa cultura tão ferrenhamente se dedica a cultivar atualmente.

Os desafios que vivi me prepararam para o dia de hoje, quando o Espírito da Verdade me guia em toda a retidão que o Pai revela. Essa revelação tem sido diária, por meio da palavra de Deus. São doses cotidianas de um relacionamento que começou há muito tempo, mas eu, inepta ainda, não conseguia ouvir Sua voz ou entender Seu agir. O romper do espírito na minha vida se deu quando venci o medo de ter meu ego esmiuçado. O ego abrange o meu eu – ou tudo o que sou que tem que morrer para que Cristo viva em e através de mim. O meu ego gritava por aceitação com a desculpa de me proteger, mas acabou criando fortalezas e potestades que dominavam o meu ser e acabaram determinando as escolhas que fiz. Quando não restou nada do meu ego, foi que enfrentei o medo e me permiti descobrir a essência de uma mulher com muitos talentos e diversas competências. Até agora, fui tão reprovada quanto aprovada. Aprendi que a reprovação precede a aprovação quando aprendemos com o *feedback*.

O medo de errar me mantêm diligente, e não escrava ou inerte. O medo tem se tornado controlável e, agora, serve para o seu verdadeiro propósito: o de me manter alerta. O medo de perder a presença de Deus se revelou em temor ao Senhor; então, procuro seguir a Sua palavra dia e noite. Entendo que o extremo oposto não é uma opção sábia, ou seja, viver uma vida completamente despreocupada, como o mundo fosse uma Disneylândia. Eu não tenho medo da realidade, pois o Deus que tudo criou, que tudo vê, que tudo sabe, é quem me guarda e me sustenta, seja na abundância ou na falta dela. A beleza da vida real tem se manifestado de forma extraordinária. Não tenho mais vontade de fugir dos confrontos e me esconder num mundo paralelo. Não preciso mais de uma sociedade alternativa. Sei ouvir uma opinião diferente da minha. Não tenho que usar da persuasão para influenciar alguém a desejar algo que não lhe faça falta. Tenho o que me basta. Tenho um amor para amar. Tenho um Salvador, o Senhor Jesus, a quem recorrer. Tenho uma família com quem me relacionar. Tenho um trabalho para me dar o domingo do descanso, o nosso Shabat. Tenho amigos para me confortar.

Para ter um amor, tive que aprender o que não é amor. Para ter um Salvador, tive que descobrir que precisava de um. Para valorizar a minha família, tive que testemunhar o que o divórcio fez com outras famílias. Precisei compreender o valor do Shabat para entender o significado do trabalho. Tive que sentir profunda solidão para ser merecedora de amigos que me amam do jeito que sou.

Seja lá o que fizermos, Deus nos chama para a ação a fim de honrá-lo e glorificá-lo. Passei, assim, a fazer tudo com diligência, porque faço para Ele. Mesmo quando nossos maiores esforços parecem ser em vão ou passar despercebidos, Ele tudo vê e é justo, e todos os seus planos são de bem, para dar o fim que desejamos. Oro para que o fim que desejamos seja o mesmo que o citado por Jeremias (29:11-13). A vida eterna com Ele e todos aqueles que conseguirmos alcançar ao enfrentar nossos maiores medos, com Cristo.

"Enquanto a ausência da essência divina resulta em conflitos, a falta de opções é a maneira de Deus de nos levar à escolha certa, à Sua vontade."

Anna Paula James

Barbara Kuhnen

Sou Barbara Kuhnen, nascida no interior paulista, doutora em Biociências e Ciências Forenses, biomédica e neuropsicanalista cristã com ênfase em Saúde Mental e Emocional. Sou especialista na resolução de traumas e na cura interior de marcas do passado. Meu foco é auxiliar as pessoas a vencerem suas dores e encontrarem seu propósito para viverem em plenitude as promessas de Deus.

Sou cristã e, desde criança, busco vencer medos e inseguranças e entender quem eu realmente sou em Deus. Atuo ajudando pessoas em sua saúde emocional há 18 anos. Nesse trabalho, as incentivo a vencerem interiormente e a crescerem. Eu me sinto honrada em ser um instrumento de Deus vivendo meu propósito de vida atrelado à minha profissão! Minha maior gratidão é poder confiar em Deus e ter uma vida guiada pela vontade Dele. Isso me motiva a avançar e a me capacitar mais para ajudar o próximo.

dra.barbarakuhnen

+55 (16) 99721-6488

dra.barbarakuhnen@gmail.com

08 A VERDADEIRA ESSÊNCIA

POR BARBARA KUHNEN

Talvez você esteja lendo este livro com muitas dúvidas em seu coração, se perguntando: "Quem sou eu? O que desejo para a minha vida? Conseguirei conquistar os meus sonhos? Ou será que eu conseguirei voltar a sonhar, depois de tanta dor? Quem eu sou para mim? Quem eu sou para Deus?".

Falar de essência nos permite refletir sobre a nossa verdadeira identidade. Muitas vezes, como mulheres, nos preocupamos em olhar para o outro, seja para nosso filho, nosso marido ou nossos familiares. E então procuramos, muitas vezes inconscientemente, agradar o outro e suprir as expectativas externas. Assim, aos poucos, vamos deixando de ser quem realmente somos.

Muitas mulheres têm dificuldade em pensar nelas mesmas. Isso não significa deixar de amar o próximo, mas ter um equilíbrio no qual suas prioridades, seus valores e desejos não são menores do que os de ninguém. Entender que podemos ter um tempo para nós mesmas é essencial, pois nesses momentos conseguiremos olhar para dentro de nós. Ao buscarmos Deus de todo o nosso coração, Ele nos trará paz para vivermos os desafios da vida e nos mostrará a cada dia quem somos. Não nascemos para nos encaixar em modelos definidos por nossos contextos ou circunstâncias, mas para sermos quem somos, conforme o projeto e a vontade de Deus, vencendo e vivendo toda a plenitude que Ele preparou para as nossas vidas.

Quero encorajá-la, neste capítulo, a entender quem você é e que pode viver coisas que jamais poderia imaginar. Ao entender a sua identidade, você entenderá os planos de Deus para a sua história e saberá que o que Ele preparou para você é exclusivo, pois você é única!

O processo da dor nos leva a descobrir quem somos

Em nossas jornadas, passamos por diversas situações, muitas das quais não gostaríamos de ter vivido. São frustrações e dores que geraram profundas marcas, e parece que nunca conseguiremos curá-las. No entanto, se pararmos para analisar, podemos refletir em poucos segundos: "Quem você se tornou? O que conseguiu vencer em sua vida, mesmo sem o apoio de pessoas ou sem obter a vida que gostaria?".

As dores e dificuldades não existem para nos prejudicar; muitas delas nós nem escolhemos, por exemplo, o fato de não termos uma família ideal. Talvez, seus pais não tenham cuidado de você e a aceitado, e essa dor existe no seu interior. Mas, por causa dela, se hoje você é uma mãe, com certeza, possui o sonho de dar o melhor aos seus filhos. O que quero dizer é que você pode reunir toda essa dor e transformá-la em algo que a impulsione a descobrir a mulher, virtuosa, forte e corajosa que é. Temos a opção de usar a dor para nos fazer parar ou para nos impulsionar a sermos pessoas melhores, que avançam, independentemente das situações enfrentadas. Falar sobre dores dói! E, talvez, você esteja pensando: "Ela não sabe da minha história. É algo que jamais conseguirei apagar!" E, sim, adianto: não conseguimos apagar nossas histórias, mas conseguimos vencê-las e superá-las.

Em meu consultório, um dia, atendi uma mulher com muitas dificuldades e dores na alma. Ela não tinha mais vontade de viver, sofria de ansiedade e de crises de pânico. Quando ela veio até mim, já estava sem esperança, não tinha ânimo para sonhar e, muito menos, para conquistar algo em sua vida. Ela não estava "vivendo", mas "sobrevivendo", e um dos seus únicos desejos era o de matar o homem que abusou dela desde a infância, e com quem ela teve que conviver por muitos anos. Então, começamos a trabalhar alguns pontos da sua vida, e o principal deles foi a necessidade de mexer nessa dor tão grande, que só aumentava e a feria ainda mais.

A cada sessão de terapia, mexíamos nesses pontos. Eu me lembro quão forte foi o primeiro dia. Essa paciente chorava muito – uma dor na alma que a impedia de seguir sua história. Mas, juntas, fomos enfrentando; hoje, posso contar a vocês que, sim, ela conseguiu vencer! Aquela dor que não podia ser falada, devido à dor e ao desejo de matar o seu abusador, não existia mais. Ela conseguiu vencer. Como eu disse a você anteriormente: isso não foi apagado, porém vencido. Hoje ela usa essa dor para ajudar mulheres que sofreram o mesmo.

Aquela mulher sem vontade de viver se permitiu ser curada e usou sua dor como um instrumento de cura, e o mais lindo é poder vê-la seguindo sua história, voltando a sonhar, conquistando projetos e construindo sua família. Num determinado evento, ela reencontrou aquele abusador novamente, pois ele fazia parte de sua família. Ao olhar pra ele, teve pena! Não quis mais tirar a vida dele, e viu quão vazio esse homem era. Ela refletiu: "O que ele poderia ter vivido para ser assim?". Essa resposta ela não tinha; porém, entendeu que esse homem e a dor que ele causou não podiam mais ter domínio sobre sua vida. Então, ela decidiu seguir e viver. Depois disso, não o viu mais e deixou Deus fazer justiça conforme a vontade Dele.

O que quero lhe mostrar com esse breve relato é que todos os dias você tem a oportunidade de mudar a sua história e viver toda a plenitude dos sonhos que Deus tem para você. Pode lutar ou deixar que os traumas, as dores e decepções paralisarem você. Use esses sentimentos ruins para descobrir a sua verdadeira identidade e ver que, assim como essa mulher, sua dor, quando curada, curará outras pessoas.

Uma frase que ouvi muito nova e que carrego comigo todos os dias é: "Não importa o que fizeram com você, mas o que você fará com aquilo que fizeram com você". Você tem a autonomia para decidir sobre a sua vida e, em Deus, conseguirá vencer tudo o que lhe feriu! Nele há cura e Ele pode mudar todas as circunstâncias, sejam elas quais forem. Porém, você precisa crer em sua nova história e visualizá-la!

Qual imagem você possui de si mesma?

A imagem que você tem sobre si mesma reflete o seu interior. Muitas vezes, você pode ter recebido grandes promessas de Deus para a sua vida, mas ela ainda não mudou. E o pensamento que vem é: "Por que não consigo viver os meus sonhos?". O segredo está em como você se vê! As dores e os desafios fazem parte da vida e formam o que nos impulsiona a descobrir a nossa verdadeira essência, ao percebermos a nossa força interior.

Quando nos permitimos ser curadas em nossas dores, conseguimos enxergar a vontade de Deus e os Seus sonhos de maneira clara em nossas vidas, e o confronto das situações é o que nos permite ver essa realidade.
Na Neurociência, entendemos que o confronto é necessário para que haja a consciência das situações; dessa forma, conseguimos entender quais atitudes de mudanças precisam ser tomadas. No entanto, a maneira como lidamos e enxergamos a vida influencia diretamente o nosso dia a dia.

Somos seres multidimensionais e estamos em constante transformação. Essas dimensões estão associadas tanto a questões físicas e emocionais quanto a questões sociais e espirituais. Todas elas, em conjunto, são capazes de influenciar e provocar alterações no funcionamento de todo o nosso corpo; inclusive, do nosso DNA – o que chamamos de alterações epigenéticas. Ou seja, todo o nosso corpo é influenciado pela nossa vida física, emocional e espiritual. O equilíbrio dessas vertentes e a sua visão sobre si mesma precisam estar alinhadas, pois só assim você conseguirá viver todos os planos de Deus para a sua vida.

Temos a tendência de reagir aos acontecimentos segundo a nossa visão de cada situação. No entanto, a maneira como entendemos a vida é uma percepção criada pelo nosso cérebro, e temos a capacidade de modificá-la. Nosso cérebro é responsável por criar as nossas emoções. Elas não nascem definidas, e os nossos sentimentos consistem em uma interpretação da emoção sensorial. É por isso que a Neurociência, cada vez mais, mostra que nós somos o resultado do que nós criamos por meio dos nossos padrões mentais. Quero lhe mostrar que a ciência apenas comprova o que Deus nos ensina em Provérbios, 23:7: "(...) Porque, como imagina em sua alma, assim ele é...".

Os pensamentos a seu respeito e a imagem que você tem sobre si podem levá-la a ser uma mulher vencedora ou não. Tudo depende de você e de como se comportará diante dos desafios da vida!

Não limite o poder de Deus em sua vida

Somos os únicos responsáveis por limitar o poder de Deus em nossas vidas, assim como somos os responsáveis pelos resultados que temos. Toda mudança requer de nós novas atitudes! Mudar nossa percepção negativa da realidade nos possibilita enxergar o real plano de Deus para nossa história.
Deus não lhe chamou para uma vida de fracassos e derrotas. Ele quer realizar seus sonhos; porém, você precisa crer em cada um deles, deve trazê-los à existência.

Novas atitudes abrem novos cenários. Deus tem cenários de alegria, de vida e de paz para você e sua família. Torne seu histórico de dor e humilhação o combustível que a motivará todos os dias a construir diferentes cenários.

Deus já nos autorizou a vencer; agora, é hora de nos levantarmos e cumprirmos o propósito Dele na Terra. A nossa verdadeira essência foi criada por Ele, e está em nosso DNA sermos vencedores em todas as áreas de nossas vidas. Você nasceu para vencer e criar novas realidades sobre sua caminhada! Afinal, vencedor é aquele que vence a dor. Todas as vezes que as dores quiserem pará-la, lembre-se das promessas do Seu Pai, do Deus que a criou. Ele a conhece melhor do que você conhece a si mesma. Aproxime-se Dele todos os dias; busque-O com intimidade e perceberá que, quanto mais descobrimos quem Ele é, mais entenderemos quem somos!

A nossa identidade e verdadeira essência estão Nele, que criou para nós um plano específico e um propósito pelo qual se deu nossa existência!

"Só entendemos quem somos e qual é o nosso propósito na Terra quando conhecemos quem Deus é verdadeiramente."

Barbara Kuhnen

Camila Medeiros

Meu nome é Camila Maria Medeiros de Araújo, sou ministra de louvor e da palavra na Verbo da Vida em Parnamirim (RN). Natural de Natal (RN) e residente em Parnamirim, nasci em 1990. Tenho a honra de ser filha de Vital Venâncio e Édila Medeiros, um casal simples, cheio de zelo e amor, que sempre se doou para mim e para a minha irmã, Amanda, sonhando os nossos sonhos.

Sou barachel em Fisioterapia pela Faculdade de Ciências da Saúde do Trairi, com especialização em Neuroreabilitação pela Universidade Federal do Rio Grande do Norte. Em 2017, me formei no Centro de Treinamento Bíblico Rhema. E, em 2022, fiz a Escola de Ministros Rhema, com o intuito de me qualificar mais sobre Aquele que deu tudo por mim e corresponder com o Seu chamado para a minha vida.

camilamedeirosz

+55 (84) 99625-4171

fisiocamilam@hotmail.com

09 DO QUARTO AOS PALCOS: O RESGATE DA MINHA ESSÊNCIA EM CRISTO

POR CAMILA MEDEIROS

Deus nos gerou desde o ventre para sermos a nossa melhor versão, baseada na capacidade que vem Dele. O *chip* do propósito divino nos comissiona a sermos eficientes para o reino de Deus e a sairmos do lugar de conformismo, pois o mesmo Deus que deu a função nos deu também a habilidade para fluirmos e sermos bênção para o Seu reino na Terra.

Jeremias 1:5 diz que, antes que Deus nos formasse no ventre materno, Ele já nos conhecia. E, antes que saíssemos da madre, Ele havia nos constituído profetas às nações. Somos a voz de Deus ao mundo, pessoas chamadas para fazer a diferença em cada esfera da sociedade, para salgar e ser luz em cada ambiente em que pisarmos e na vida de pessoas. Embora hoje eu tenha essa consciência, nem sempre foi assim.

Criada em um lar de classe média, tímida, cheia de complexos e sem muita perspectiva de vida, sempre tive medo do futuro e do que ele poderia trazer para mim. Vivia sob jugo e incredulidade, e isso gerava uma dependência das pessoas; eu as tinha como muletas em minha vida. Criava vínculos emocionais e sempre andava em grupos, porque sozinha não me achava boa o suficiente para estar entre as pessoas. Caminhava manca e sem amor-próprio.

Em 2009, comecei a estudar Fisioterapia na Facisa, em Santa Cruz (RN) e, por cinco anos, morei sozinha, afastada da minha família. Eu era tão apegada aos meus familiares que passei o primeiro ano todo chorando de saudade. Foi quando comecei, pela internet, a fazer amizades virtuais e a me deleitar nos prazeres que a *web* poderia me proporcionar. Isso foi se tornando minha válvula de escape para amenizar a dor, mas, ao mesmo tempo, tal hábito me conduzia a uma prisão sem saída, regada a vícios e carnalidades. Eu estava vivendo sob influências em que a concupiscência da carne, concupiscência dos olhos e a soberba da vida prevaleciam (1 João 2:16-17).

Foi em Santa Cruz que tive o meu primeiro encontro com a palavra de Deus, em 2012. Porém, após oito meses, me afastei dos caminhos do Senhor. Não tive base suficiente para suportar as perseguições e fui cedendo às más influências do ambiente da universidade, às festas que frequentava e às amizades que me afastavam de Deus. Ao mesmo tempo, tudo isso potencializava o vazio que sentia. Eu não tinha uma vida alicerçada na palavra. Ia para a igreja como se fosse a um clube social, apenas para fazer algo diferente e barganhar com Deus, sem compromisso com a Sua obra. Já que não estava indo à igreja católica, ia à evangélica, e Deus que entendesse a minha falta de compromisso. A consequência disso foi uma vida de promiscuidade e bebedeira: a famosa busca pela felicidade em coisas e em pessoas que resultavam em fracasso.

Em 2013, voltei a Parnamirim e dei prosseguimento à minha profissão, totalmente atrelada ao que era natural, sem comunhão ou vida com Deus. Os vícios continuavam, os laços afetivos com os amigos na internet só aumentavam e as coisas foram tomando proporções ainda mais sérias. Comecei a trabalhar e tudo fluía. Meu nome ficava mais conhecido na cidade, mas minha infelicidade permanecia. Na época, o meu lugar seguro era o meu quarto, e o meu texto preferido eram as desculpas que eu dava para não me inserir na sociedade. Ninguém sabia o que eu estava passando, e "sobrevivia" cheia de perturbações na mente. E foi assim que, durante muito tempo, o diabo me trancou nesse lugar: um quarto escuro com um misto de sentimento de incapacidade, prisão emocional, medo, timidez, vícios e sintomatologias depressivas. Afinal, essa é a natureza dele, que veio para matar, roubar e destruir (João 10:10). Mas, na janela da esperança, eu disse sim novamente ao Senhor, e Ele me reposicionou no palco da vida, no lugar de influência, dentro do plano e do propósito que eu nunca deveria ter abandonado. O lugar projetado desde antes de eu nascer e constituído por Deus só para mim: a minha verdadeira essência em Cristo.

Toda a nossa vida é feita de escolhas. Existem coisas que Deus jamais fará por nós, mas Ele nos deu o livre-arbítrio e nos mostrará o caminho certo em Sua palavra. Um trajeto de vida ou de morte, de bênção ou de maldição (Deuteronômio 30:19). O que decidirmos afetará o nosso futuro.

Foi por meio da fisioterapia, em 2014, que Deus me aproximou de Jaelson dos Santos e de Cida Claudino, casal de pastores presidentes da Verbo da Vida, em Parnamirim. Eles foram a ponte que me mostrou o caminho de volta ao Senhor, sendo a influência certa no tempo e ambiente oportunos proporcionados por Deus para o resgate da minha real identidade em Cristo. Comecei a atender Cida em sua residência, mas eu é que fui "reabilitada", sendo alimentada, durante dois meses, com a palavra de Deus. Logo, diversas áreas da minha vida foram tratadas, emocional e espiritualmente. Eu estava tão focada no que era natural que Deus utilizou do meu próprio trabalho para me alcançar.

Deus é especialista em pegar o que é comum e transformar em extraordinário. Ele é luz em meio às trevas e utiliza dos Seus filhos para serem respostas ao mundo. Como um luzeiro,, esse casal me despertou, acolheu e foi o suporte de que eu precisava. Por isso, nunca negligencie as unções que Deus colocou em seu caminho, pois elas poderão ser as respostas que potencializarão o seu presente e edificarão as bases para o seu futuro. Pessoas sempre serão como elevadores: levarão você para cima ou para baixo. Decida qual botão você vai apertar e faça a escolha certa, assumindo a postura e vestindo a camisa daqueles que lhe posicionam do lado do time de Deus. Você só não pode paralisar!

Aos poucos, Deus foi preenchendo todo o meu coração e retirando o que precisava para que eu fosse inteiramente Dele, considerando a influência e o ambiente certo como fatores cruciais para eu descobrir minha real essência em Cristo, consciente de Seu plano e propósito para minha vida. Aprendi que não existe lugar mais seguro do que me sujeitar a Deus e resistir ao diabo até que ele fuja (Tiago 5:16). Pensamentos sempre virão a nossa mente, bons ou ruins, porém as armas das nossas milícias não são carnais, mas as poderosas em Deus para destruir fortalezas (2 Coríntios 10:4). Precisamos nos blindar contra o diabo e todas as suas investidas com o capacete da salvação e a espada do espírito, que é a palavra de Deus (Efésios 6:17), pois, enquanto Deus trabalha com o nosso futuro e sabe que ele será glorioso, o diabo faz questão de colocar em xeque o nosso passado, para nos afundar em um poço de condenação. Você decide com qual pensamento ficar. Permaneça ao lado da palavra de Deus! Seja como o homem prudente que edificou a sua casa sobre a rocha, que ouve as palavras e as pratica, que mesmo no dia mau, independentemente da tempestade, permanece firme (Mateus 7:24, 25).

Não tenha a palavra como um livro de informação, mas de real transformação, e acolha com mansidão cada semente implantada, pois ela é poderosa para salvar a sua alma (Tiago 1:21). O mundo não dita quem você é, a dificuldade não pinta um quadro que define a sua realidade, mas a sua real identidade se baseia naquilo que a palavra diz. Jesus a tirou de um lugar de derrota e o(a) colocou em triunfo: no ambiente perfeito para você florescer, frutificar e ser uma benção para o seu reino.

Muito do que sou e do que aprendi se deu no ambiente de igreja, sempre atenta às oportunidades que iam surgindo. A bíblia fala que Deus criou todas as coisas falando, então eu comecei a pintar o quadro que desejava com a minha boca. Expressava não o que estava vendo, mas o ambiente que eu queria ver e ter no meu futuro, trazendo à memória as palavras que me davam esperança (Lamentações 3:21). E, a cada passo de fé e obediência que eu dava, seguia para as próximas estações. Você nunca começará fazendo o que Deus te chamou para ser, mas faça o que ele confiou a você; assim, no processo, descobrirá o seu propósito, bem como sua verdadeira essência.

Quando você entende a sua real identidade, sendo autêntica com a unção que Deus confiou a você, mais rapidamente você correrá a sua carreira. E, sem vacilar, colherá os frutos por estar conectado (a) à videira (João 15:1). Deus transforma a sua vida, o(a) consola e o(a) coloca em lugares altos para que você seja agente ativo na vida de outras pessoas. Dê lugar ao Espírito e deixe Deus se mover através de você. Deus não o(a) criou para o fracasso, a tragédia e a falta, mas como mais que vencedor em Cristo Jesus (Romanos 8:37), como embaixador de Cristo (2 Coríntios 5:20), sal da terra e luz do mundo (Mateus 5:13-14).

Não importa quanto você sofreu no passado. Perdoar o outro e a si mesmo (a) são dádivas de Deus, uma decisão que parte de cada um de nós. Se você errou no caminho, tem um justo juiz e um advogado que pleiteia a sua causa. Se lance diante do Senhor, peça perdão, mude a rota e siga em frente. Jesus Cristo é o seu alvo! Não permita que a maldade do mundo, a concupiscência da carne, dos olhos e a soberba da vida contaminem a sua essência. Permita-se viver tudo o que Deus tem para você estando no melhor ambiente e sob a influência certa. Saia do comodismo, do conformismo, das desculpas, dos vícios, da carnalidade. No palco da vida, só não brilha quem desiste, e não existe desistência no vocabulário de Deus.

"No palco da vida, só não brilha quem desiste, e não existe desistência no vocabulário de Deus. Avance com aquilo que Ele confiou a você!"

Camila Medeiros

Carla Campos

Sou Carla Campos, natural de Belo Horizonte (MG), onde vivo com meu amado esposo, José Campos, e com minhas filhas, as mais lindas princesas: Sarah e Aghata.

Atuo como pastora, mentora e psicóloga clínica há mais de 32 anos. Sou doutoranda em Psicologia, mestre em Teologia e especializada em Psicologia Médica, Psicologia do Esporte, Neurociências, Psicologia Positiva, *Mindfulness* e EMDR (Abordagem Terapêutica para Cura de Traumas). Atuei em milhares de atendimentos, lidando com traumas, transtornos e outras demandas psíquicas.

Cofundadora da Embaixada da Família, realizo palestras, conferências, cursos e seminários (individuais, com casais e grupos, em igrejas e empresas). Sigo me renovando e me ressignificando a cada dia.

carlacamposterapeuta

+55 (31) 99214-8642

Podcast embaixadadafamilia

www.embaixadadafamilia.com

10 APRENDENDO A REINAR NA TERRA

POR CARLA CAMPOS

Tenho o hábito de conversar com Deus no meu jardim, um lugar repleto de natureza, com água corrente, árvores, plantas, flores, grama e pedras. Um lugar em que a luz e o calor do Sol aquecem e onde a sombra e a brisa trazem frescor. Situado em Belo Horizonte, Deus se faz presente nesse lugar e em mim, por isso o chamo de Jardim do Éden.

Certo dia, em uma conversa com o Pai, questionei-o acerca da sobrecarga que eu sentia em minha vida. Às vezes, pesam-me nos ombros as responsabilidades com as tarefas da casa, com o marido, o trabalho, as finanças e minhas filhas, adolescentes de 15 e 12 anos. O dia a dia de uma mulher envolvida com a família e o trabalho traz regozijo, mas as atribuições são extremamente desgastantes. Por isso, eu me sentia angustiada e insegura naquele momento.

Envolvida nessa reflexão, Deus me levou a ouvir a minha própria consciência e a pensar em quem estaria lidando com aquela situação. Seria eu, a Carla atual, adulta e madura, ou a jovem Carla, ainda despreparada e perdida? Percebi que quem protagonizava era a antiga Carla, inexperiente, imatura, abandonada, abusada, sobrecarrega e impotente diante das circunstâncias que se apresentavam.

A minha insegurança era derivada de um fato ocorrido na minha adolescência. Meu pai era alcoólatra e, nos momentos de embriaguez, ia até o meu quarto e me acariciava, abusando do meu corpo e da minha inocência, ativando o meu medo. Essa situação foi recorrente em muitas madrugadas, deixando em mim uma ferida profunda, cujas cicatrizes marcaram a minha alma e o meu modo de viver. Eu era ainda muito pequena para entender as suas atitudes. Ele dizia que aquele comportamento mais íntimo era normal quando as pessoas se gostavam muito e, também, que os nossos encontros deveriam ser um segredo guardado por nós dois. Eu me sentia desajustada, porque não gostava do que acontecia. No entanto, eu pensava que aquilo era um problema meu e que não deveria perguntar a outras pessoas se já haviam passado pela mesma situação. Por medo, eu guardei o segredo e não contei nada a ninguém.

Essa experiência me deixou sob pressão, me levou a reagir de forma intolerante e agressiva no trato com as pessoas. Lembro-me de quando minha mãe me perguntava por que eu era tão agressiva e rude; ela não compreendia por que eu estava sempre irritada. Naquela época, eu não sabia o que dizer, não entendia o que me fazia sentir tanta raiva. A minha juventude foi muito conturbada em decorrência dos abusos que sofri. Além dos desentendimentos com a minha mãe, tive relacionamentos amorosos instáveis e problemas com a minha sexualidade, pois repetia os padrões de comportamento que aprendi com o meu pai. Uma grave consequência disso foi um aborto que fiz aos 18 anos de idade.

Certa vez, minha mãe me levou ao médico porque eu não menstruava havia alguns meses. Ao me examinar, o médico disse que eu estava grávida. Fiquei horrorizada, porque eu nunca tinha tido um ato sexual de fato. Naquele instante, eu me lembrei da visita de uma irmã da igreja à minha mãe, dias antes. Ela disse que uma de suas filhas causaria uma enorme desgraça, uma desilusão que abalaria toda a família. Diante daquele cenário, percebi que era eu a própria desgraça. Então, decidi que não falaria a ninguém sobre a minha gravidez; contei apenas para o meu namorado. Quando o pai dele soube da notícia, eles sugeriram um aborto e providenciaram o procedimento, que parecia ser simples. Eu nem sequer sabia o que aconteceria, mas aceitei a decisão deles.

Na clínica, não recebi orientação alguma. Não me lembro de nada que aconteceu lá, apenas me recordo do enfermeiro que se aproximou de mim perguntando quem era a menina que estava viva por milagre. Depois de saber que fazia referência a mim, ele me explicou que a cesariana a que fui submetida não foi planejada, mas acabou sendo inevitável, porque não puderam fazer a sucção do feto da maneira convencional. E, como a clínica não tinha estrutura para aquele procedimento, ele sugeriu que eu me cuidasse muito bem, se não quisesse morrer por complicações da cirurgia improvisada. A partir daquele momento, me senti uma assassina.

Assim, eu me tornei insegura e ferida, com uma personalidade frágil e desintegrada. Não reconhecia a mim mesma, pois tinha um "eu" fragmentado que me impedia de acessar a minha própria essência. Esse era o motivo de tantos tropeços, frustrações e decepções. O tempo passava e novas situações surgiam, mas as marcas do passado me acompanhavam, como se ecoassem em todas as minhas decisões. Eu não sabia que aquele sofrimento precisava ser curado para a tristeza e a dor cessarem. As minhas feridas intensificavam a sensação de não pertencimento e de incompletude no corpo, na mente e no espírito, afetando minha vida adulta. Por muitos anos, me senti incapaz e desvalorizada. Cultivava crenças negativas, me sentindo feia, burra, inferior, incapaz e insuficiente.

Passei por várias fases da vida perdida. Como mecanismo de defesa, usava o ataque para impedir que novas feridas fossem abertas. E, mesmo conquistando diplomas, títulos e reconhecimento de outras pessoas, eu continuava me achando uma fraude, sem reconhecer a minha importância e o meu valor para o Reino de Deus na Terra. Tenho plena convicção de que, desde que aceitei a salvação por meio de Cristo, o Espírito Santo se fez presente em minha vida, buscando me convencer do pecado, do juízo e da justiça de Deus – mas, muitas vezes, eu não ouvia.

Como consequência do aborto que fiz na juventude, minhas trompas foram rompidas e eu não poderia gerar mais filhos. Casada havia seis anos, busquei a gravidez por meio da inseminação artificial durante um ano, mas as tentativas foram em vão. Contudo, Deus, em sua infinita bondade e misericórdia, já havia preparado tudo para que eu fosse mãe. Minhas filhas não foram geradas no meu ventre, mas no meu coração. Assim, começou um novo ciclo em nossas vidas. Após um processo cuidadoso de adoção, surgiram duas lindas meninas, uma com 3 e outra com 6 anos de idade. A todo momento, as minhas duas princesas têm me ensinado a amar, a gostar de toque, de carinho e de afeto. Deus tem me levado a romper com meus traumas a cada dia e, por meio da minha nova família, tenho experimentado o melhor de Deus na Terra.

Naquela manhã em que eu conversava com Deus no Jardim do Éden e lamentava as angústias que sentia, Ele me levou a mudar o pensamento e a colocar em prática o que o apóstolo Paulo nos ensinou no Livro de Romanos, capítulo 12, versículo 2. Para experimentar a boa, perfeita e agradável vontade de Deus em minha vida, eu deveria parar de me preocupar com o que o mundo atual apresenta: escassez, maldade, distorção de valores, correria, mente acelerada... Eu precisaria renovar a minha mente, experimentando as belezas que Ele colocava ao meu redor.

Desfrutando de momentos como o que vivi naquela manhã, na presença do Espírito Santo, e tomando consciência plena da minha própria história, pude reintegrar o meu "eu" e aprender a buscar sempre o meu lugar seguro. Essa prática terapêutica nos conduz a um lugar que construímos na mente, onde encontramos paz e regulação integral. Nesse lugar, visão, audição, tato, paladar e olfato são intensificados por imagens, experiências, emoções e crenças positivas que procuro estimular. Isso me traz equilíbrio no presente e esperança no futuro. Hoje, percebo que, durante os bons e os maus momentos que vivi, Deus sempre esteve presente.

Compreendi que Ele lançou no mar do esquecimento todos os meus pecados, tanto aqueles que já haviam sido confessados quanto outros que não vinham à consciência. Aquilo que me fazia sentir repulsa, vergonha, culpa e que me remetia ao passado de dor e sofrimento já não existia mais, pois Ele me revelou que eu estava perdoada por meio do Seu sacrifício na cruz do calvário. Eu fui curada das minhas feridas emocionais e até mesmo das cicatrizes físicas. Agora, sou uma pessoa muito mais forte, e a minha história, que poderia ter me paralisado, me motiva a levar restauração, salvação e fé a muitas mulheres.

Assim como Deus criou o homem à Sua imagem e semelhança, criou também a mulher à Sua imagem e semelhança, mas de uma forma diferente – única e especial, que é a sua verdadeira essência. Jesus precisou vir a este mundo trazer o Evangelho e vencer a morte para que, por meio Dele, nós pudéssemos ter novamente acesso ao lugar criado para os filhos de Deus.

Compreendo hoje que a essência de cada mulher foi sonhada e planejada por Deus antes mesmo do seu nascimento. Desde o ventre materno, cada fase da sua história constitui uma peça fundamental nas mãos de Deus. Lembre-se de que você faz parte de um plano divinamente inspirado e nada do que viveu será desperdiçado, mas transformado, a fim de que você possa ser um instrumento de Deus na Terra. Reinar aqui, assim como o Pai reina sobre todas as coisas, é compreender a revelação da oração do Pai Nosso, ensinada por Jesus: "que seja feito na Terra como no Céu". Nós temos por missão fazer com que a Terra seja parecida com o Reino dos Céus.

Atualmente, tenho a oportunidade de ensinar milhares de mulheres que, independentemente do que tenham experimentado, elas podem viver na essência, fazendo com que isso se reflita para a eternidade. Você também pode viver essa experiência, porque Deus lhe permite resgatar a sua essência e ressignificar a sua existência para ter a sua mente renovada. Isso ocorrerá quando você mudar a sua personalidade, seu temperamento e sua forma de lidar com as pessoas e com os conflitos internos, como aconteceu comigo. Afinal, você é filha e coerdeira com Cristo, como dizem as Escrituras, o que lhe permite verdadeiramente reinar na Terra, até que possa alcançar a nova vida que Jesus tem preparado para aqueles que O amam.

"Para reinar na Terra, a mulher precisa conhecer a diferença entre a sua essência e a sua existência."

Carla Campos

Pra. Daiane Gonçalves Barrili

Sou a Pra. Daiane Gonçalves Barrili, natural de Orlândia/SP. Resido na mesma cidade, com meu esposo Cláudio Barrili e meu filho Paulo (presente de Deus em minha vida).

Evangelizei e direcionei milhares de almas ao longo dos meus 27 anos de conversão, apresentando Cristo para todos aqueles que tive a oportunidade de conhecer, nas cidades por onde passei fazendo missões.

Minha história é resultado de inúmeros processos vencidos e superados. Em Cristo Jesus, tive minha história reconstruída e minha identidade – até então por mim desconhecida – resgatada. Através das minhas intensas experiências e da minha fé, sou a prova viva de que, para Deus, não existe o impossível. Creio que, por meio do meu relato, vidas serão inspiradas e identidades serão restauradas.

pastora_daiane

daiane_barrili

+55 (16) 99145-0537

pastora.daianebarrilioficial

Daiane Barrili

daianebarrili@icloud.com

11 IDENTIDADE RESGATADA

POR PRA.DAIANE GONÇALVES BARRILI

Alguns anos atrás, vivi em meu casamento uma situação que me levou ao ápice da minha dor. Vi, em questão de segundos, meu mundo desabando diante de uma confissão de traição – situação que me levou a questionar minha vida como um todo, minha fé e minha identidade.

E foi nesse momento que afirmei: — "Deus também me traiu."
A constatação daquela traição ia muito além do fato em si. Eu havia questionado em meu coração o porquê de Deus não ter me alertado, justamente por ser uma pessoa de relacionamento e fidelidade a Ele.

Meses antes da confissão, eu havia vivido experiências espirituais de confirmação desse fato. Muito confusa e abalada com as evidências obtidas em alguns meses, clamei a Deus por respostas. Olhando para aquele cenário, e para a pessoa, não conseguia acreditar ou encontrar respaldo para validar tais evidências.

Em um diálogo intenso e exaustivo em busca de esclarecimentos, tive minhas emoções afetadas drasticamente. Na tentativa de esconder o fato, meu esposo contestou as evidências espirituais, colocando em xeque minha fé e meu relacionamento com Deus. Ele chegou a questionar a minha sanidade naquele cenário. De uma hora para outra, tive minha identidade roubada e desconstruída. Toda a credibilidade adquirida em anos de entrega nos caminhos de Deus, reconhecida por todos à minha volta – resultado de renúncias e responsabilidades com o meu chamado – estava sendo questionada pela pessoa que acompanhou grande parte dessa construção ministerial. De esposa perfeita, honrada e mulher de Deus, virei alguém confusa, insegura e beirando à loucura. Era um pesadelo que se tornava real a cada afirmação do meu esposo. Olhando dentro dos meus olhos, ele disse:

— Você está errada, evidências espirituais não são válidas. Você precisa de provas reais e concretas. — E afirmou ainda: — E essas provas você não tem, porque elas não existem.

Na tentativa extrema e desesperada de me convencer de que eu estava errada, nutrido de uma grande frieza, falsidade e manipulação, ele apelou para a minha fé, me sugerindo um "propósito" diante de Deus, em busca da verdade. Finalizando esse "propósito", em meio a um grande silêncio divino, ficou subentendido que meu marido era inocente e que eu estava errada. Fiquei muito confusa com o desfecho dessa situação.

Naquele momento, fui tomada por muita tristeza, confusão e insegurança, referentes ao meu discernimento espiritual. Em conflito interno comigo e com Deus, cheguei a um esgotamento físico e mental muito grande, que resultou em uma depressão. Os dias seguidos por essa depressão foram terríveis, uma dúvida gigantesca predominava em meu coração: "Será que eu realmente conheço Deus?", "Será que tudo o que vivi foi mentira?".

Eu me senti a pior das espécies, cheguei ao ponto de pedir várias vezes perdão por ter desconfiado da integridade do meu marido, me culpava por me sentir injusta ao levantar algo tão terrível sobre o caráter da pessoa que amava. Porém, não conseguia ignorar as evidências que, mesmo sendo espirituais, eram totalmente sólidas. Todas as minhas experiências vividas com Deus eram fortes demais para serem invalidadas.

Eu estava em um labirinto total: para onde quer eu olhasse, não existia uma saída; eu dava de frente com um grande muro e não sabia mais o que fazer. Nesse momento, fui surpreendida por meu esposo. Ele me chamou para uma conversa, a qual iniciou dizendo:

— Eu não aguento mais lidar com essa culpa. Eu te traí.

Ali houve confissão, arrependimento e pedido de perdão.

Esse momento teve o efeito de uma "bomba nuclear". Fui invadida por um misto de emoções: sentia um vento frio e impetuoso na alma. A informação era complexa demais para o meu cérebro processar. O choque foi tão grande que as palavras não saíam da minha boca. Perdi completamente o meu raciocínio; era como se eu tivesse sido desligada. A sensação foi semelhante à de um coma emocional e espiritual profundo. Um filme passou em minha cabeça: "Por que Deus me deixou ser enganada desse jeito?", "Por que não respondeu quando fizemos o 'propósito'?"

Foram tantas perguntas sem respostas! Em meio a uma intensa crise existencial, questionei minha real identidade com Deus. Cheguei ao fundo do poço. Ao me sentir traída também pelo meu Deus, me desesperei. Eu me senti sozinha e desamparada. Quanto mais eu avaliava a situação, pior eu ficava, pois os prejuízos eram devastadores. Não conseguia acreditar que estava passando por aquilo. Afinal, como, com tanto tempo na presença de Deus, com o caminho da fé tão bem pavimentado e estruturado, com anos de relacionamento, isso podia ser possível?

Foi quando percebi que precisava reagir; que, se eu não fizesse algo, ninguém faria nada por mim. Eu tinha duas escolhas: me vitimizar ou superar a situação. Naquele momento, senti Deus aplicando em mim um "desfibrilador" espiritual. Experimentava doses fracionadas de força e da Graça me invadindo. Aos poucos, fui retomando a consciência diante daquela situação.

Com o tempo, determinada a mudar o rumo das coisas, me recompus e clamei a Deus por sabedoria. Por mais confusa e fraca que eu parecesse estar, sabia que Deus estava comigo e no controle da situação. Uma força sobrenatural tomava conta de mim, e eu começava a avaliar a situação com olhos espirituais. Passei a organizar minhas emoções e a controlar meus impulsos. Eu me levantei.

Na busca por superar o acontecimento, tive minha identidade resgatada por Deus. Tudo começou quando tive o entendimento de que eu precisava liberar o perdão para o meu esposo. Foi um caminho difícil, mas extremamente necessário. Eu sabia que viveria uma jornada solitária, e pude entender que o perdão não falava sobre mim, mas sobre o Deus a quem sirvo. Mesmo vivenciando algo doloroso, eu precisava daquela experiência.

Nesse processo, entendi que perdoar é colocar a pessoa que me feriu em um lugar que ela não merece, mas do qual precisa. Ao tomar essa atitude, fui visitada por uma Graça de Deus extraordinária. Comecei a perceber que, na verdade, Deus sempre esteve comigo, e que sua fidelidade é real. E, mesmo vivendo uma situação que fugia da minha compreensão, passei a enxergar o zelo de Deus na minha vida, mesmo em meio àquela tragédia. Compreendi que, para saber a verdade, é necessário ter estrutura. Percebi que eu estava extremamente ferida e que precisava respeitar o tempo de cura. Ela não acontece da noite para o dia: existe um caminho a ser trilhado.

O trabalhar de Deus dentro do processo de cura funciona como uma anestesia. Eu sabia exatamente a gravidade da minha situação, mas não sentia o impacto causado por ela. Não queria tomar nenhuma atitude definitiva estando ainda ferida – atitude mais assertiva por mim dentro daquele cenário.

Durante tal processo, minha intimidade com Deus aumentou muito; pude sentir o cuidado Dele em cada detalhe, naquele momento. A chave para essa situação foi não ignorar minha dor, mas entender que ela existia, e que eu não queria que ela permanecesse. Toda ferida que não é identificada não pode ser tratada.

No meu processo de restauração, identifiquei detalhes surpreendentes da parte de Deus. A boca que mentiu foi a mesma que confessou. As evidências espirituais que foram desprezadas e, ao mesmo tempo, motivos de deboche, se tornaram provas reais que, agora, eram inquestionáveis. A fidelidade de Deus, contestada por mim no auge da dor, foi protagonista naquela situação. No período que eu pensei ser o meu fim, Deus me deu um novo começo. Contemplei que Ele é especialista em transformar tragédias em grandes reviravoltas. Vi a minha vida ser destruída diante dos meus olhos por um erro, e, depois, ser reconstruída por meio da Graça.

Hoje, sou outra pessoa: mais forte, madura e segura da minha identidade em Deus. Aprendi a não ser mais controlada por minhas emoções e a ter "domínio próprio". Compreendi de maneira ímpar que o ser humano é falho e que todos necessitamos de uma segunda chance. Grande parte das mudanças que desejamos depende do quanto estamos dispostos a nos doar! Eu sou a prova viva de que em Deus é possível viver uma restauração completa, e que, independentemente dos "fins" que você possa viver, Nele sempre haverá um recomeço e Sua fidelidade não falha.

Hoje, sou usada "ministerialmente" para aconselhar e direcionar pessoas que vivem a mesma situação. A área na qual mais fui ferida é aquela em que sou mais usada para curar.

Nessa caminhada, aprendi a ressignificar muitas coisas. Hoje, quando leio esse versículo na Bíblia sobre o amor, tenho um entendimento literal e não teórico, e afirmo que amar, por mais desafiador que seja, vale a pena. "*O amor é paciente; o amor é bondoso. Não inveja, não se vangloria, nem é arrogante. Não se porta de maneira inconveniente, não age egoisticamente, não se enfurece facilmente, não guarda ressentimentos. O amor não se alegra com a injustiça, pois sua felicidade está na verdade.*" (I Coríntios, 13:4 ao 7.)

Após um grande tratamento em Deus, meu esposo também foi curado – e, junto com ele, o nosso casamento. Nossa aliança foi restaurada; ao pesarmos na balança tudo o que havíamos construído, ficou (mais do que) claro para os dois que a nossa união valia a pena. Afinal, a traição simbolizou uma fotografia diante de um filme completo, que é a nossa história.

"Deus não manda recados; Deus marca encontros."

Pra. Daiane Gonçalves Barrili

Débora Ferreira

Sou Débora Ferreira. Poderia começar a me apresentar falando de meus títulos, diplomas e minhas conquistas, mas a verdade é que nada disso define de fato quem eu sou, ou me inspira e motiva mais do que acordar todos os dias com a convicção de que eu sou filha amada de Deus, esposa do Rodrigo Lima, mãe da Esther, do Heitor e do João Davi, missionária, pregadora, mentora e palestrante.

Descobrir minha verdadeira identidade foi o que me fez chegar até aqui. Hoje, eu sei quem eu sou, meu valor e quem Deus me gerou para ser. Mas não foi sempre assim; passei muitos anos da minha vida acreditando que eu era minhas dores e feridas, até que a bondade de Deus me alcançou. Hoje, eu vivo para ensinar as pessoas a descobrirem a sua verdadeira identidade, viverem de acordo com o propósito para o qual foram criadas e experimentarem a perfeita e agradável vontade de Deus.

eusoudeboraferreira

+55 (32) 99174 -1194

deboraferreiraeusou@outlook.com

12 FERIDAS CURADAS, ESSÊNCIA RESTAURADA

POR DÉBORA FERREIRA

Em um mundo superficial, falar de essência pode parecer algo ultrapassado e desnecessário, pois a cada dia as pessoas se preocupam menos com o que vem de dentro e mais com o que vem de fora. O resultado disso é uma sociedade repleta de pessoas fúteis, em uma busca infinita por prazer e felicidade em coisas que jamais saciam o vazio da alma. A maioria das pessoas passa a vida toda apenas sobrevivendo, sendo escrava do consumismo por vaidade e pela sede de ser alguém. Deus tem vida em abundância para cada um dos bilhões de indivíduos espalhados pelo mundo, mas a maioria se contenta em viver como galinhas, enquanto Deus nos criou para viver como águias.

Você já parou para observar as galinhas? Elas têm asas, mas não voam. Vivem aprisionadas, ciscando e se alimentado do que foi pisoteado. Mas não foi sempre assim. Há relatos de que, no início da sua domesticação, os frangos conseguiam voar mais. Porém, com o passar do tempo, sua estrutura anatômica foi se modificando e eles perderam a capacidade de voar. Entendi que não basta ter asas: é necessário possuir estrutura para levantar voo. Todos nós nascemos com asas e estrutura para voar em busca de promessas, sonhos e projetos que o Senhor nos deu, mas os traumas e as experiências negativas vão mudando nossa estrutura original, corrompendo nossa essência, nos moldando ao cenário em que estamos inseridos e nos distanciando cada vez mais dos planos de Deus. Nossos medos nos aprisionam e nos fazem acreditar que devemos aceitar viver de migalhas, e que não somos capazes de levantar voo em busca de uma vida nova.

Não quero que pense que falo de algo que eu aprendi ou li em algum artigo: estou falando de uma situação que vivi. Por muitos anos, fui aprisionada por um trauma que não conseguia identificar. Sou a segunda filha de cinco irmãos; meus pais tiveram um casamento conturbado, e meu pai vivia entre a igreja e os vícios, sempre tendo recaídas. Minha mãe decidiu se separar e, logo depois, meu pai faleceu assassinado. Apesar dos seus problemas com as drogas e o álcool, ele era um excelente pai, amoroso, presente, mas que, infelizmente, não conseguiu ser mais forte que o vício.

Com cinco filhos pequenos e sozinha, minha mãe nos ensinou a trabalhar desde muito cedo. O cenário em que vivíamos era de escassez, mas o que doía mais era a sensação de desamparo. Então, precisamos aprender a nos sustentar o quanto antes. Eu tinha 12 anos quando meu pai faleceu, e tudo isso gerou em mim o sentimento de que eu precisava sempre me virar sozinha. Esse é um mecanismo de defesa que criou em mim o desejo por independência. Se depender de alguém não deu certo, a solução seria ser independente: a única forma de nunca mais ter que passar pelo abandono e por aquele cenário horrível.

Assim, meu trauma corrompeu minha essência, me fez recolher minhas asas e me aprisionou. Inconscientemente, vivia lutando contra uma realidade que já não existia, aprisionada na dor daquela menina de 12 anos. Eu era uma pessoa controladora; achava que tinha que me virar sozinha e que deveria dar conta de tudo. Logo, eu estava jogando no lixo o maior tesouro que Deus pode nos confiar: minha família. O medo de viver de novo tudo o que eu já tinha experimentado e de os meus filhos passarem pelo mesmo me escravizou, me fazendo acreditar que a única forma de nos salvar era ganhando muito dinheiro. Desse modo, enquanto ganhava dinheiro, eu perdia o crescimento dos meus filhos, e meu casamento ia de mal a pior. Enquanto eu trabalhava, não tinha tempo para Deus. Na verdade, eu só tinha tempo para trabalhar.

O dinheiro seduz, ilude, escraviza e rouba tudo o que temos de mais valioso. Damos a ele o valor de coisas que não podemos comprar, como saúde, tempo e inesquecíveis momentos. Só percebemos a grandeza disso quando tudo nos é tirado. No fim, descobrimos que a promessa de preencher o nosso vazio era falsa. O dinheiro é um carrasco que só recompensa seus escravos enquanto eles estão produzindo. A independência é dependente de um sistema mentiroso, que nos faz acreditar que somos donos daquilo que compramos. Porém, só possuímos o que não pode nos ser tirado.

É necessário chegar à conclusão que nem a vida, que nós batemos no peito e dizemos: "é minha", de fato, nos pertence, pois não temos domínio sobre ela e não sabemos quando nos será tirada. A única coisa que temos é o que plantamos no solo da eternidade: esse tesouro ninguém poderá roubar e dessa recompensa ninguém poderá escapar. O dinheiro tem um poder limitado. Mais cedo ou mais tarde, todos comprovam essa verdade. Eu descobri isso da pior maneira, quando tudo o que eu achava que tinha escorreu pelos meus dedos. Era cabeleireira, maquiadora e dona de um salão, com uma equipe grande. Porém, na pandemia, o setor de beleza passou por sérias dificuldades, e percebi que colocar nossa confiança no dinheiro não é uma escolha segura para meros mortais, reféns das circunstâncias.

Nessa época, eu e meu marido trabalhávamos juntos, portanto, nossa única fonte de renda era a nossa empresa. Eu estava sobrecarregada, com crises de ansiedade e à beira de uma estafa. Então, decidi crer na palavra de Deus. Sim, eu ainda não acreditava verdadeiramente, porque crer não é dizer "eu acredito", não é frequentar cultos e ser membro de uma denominação: crer é se mover. , é viver não pelo que vemos, mas pela palavra e pelas promessas de Deus. Ele tem caminhos na tempestade para aprendermos que Ele usa o pior cenário para manifestar o Seu poder. Ele não nos ensina a confiar e descansar com palavras: Ele mostra Seu poder e prova Sua fidelidade.

Eu reconheci que era impossível sair dessa sozinha, e não queria mais carregar o fardo de ser independente. Portanto, abri mão de viver a minha vontade para viver a Dele. Ele abriu portas onde não tinha, com sustento e providência. Ele me moldou, libertou, abriu meus olhos e me curou. Foi no pior cenário que descobri que o homem pode nos decepcionar, mas Deus permanece fiel mesmo quando somos infiéis, e não há segurança fora Dele. O meu desejo de independência perdeu seu lugar quando descobri que no esconderijo Dele eu posso descansar. O sentimento de desamparo foi sufocado por um amor que sempre esteve presente, mas ao qual eu não dava lugar. A insegurança de olhar para o futuro foi embora quando Ele me mostrou que Ele é um lugar seguro, e que não tem riqueza que compense a dádiva de cuidar, ensinar e acompanhar o crescimento dos meus filhos de perto. Meu casamento foi restaurado, assim como minha família foi reestruturada, porque Ele me ensina todos os dias a ser uma mulher edificadora.

Meu marido, que dizia que nunca seria cristão, hoje serve a Deus. Eu me livrei dos rótulos, abri mão dos títulos e descobri minha verdadeira identidade: a de filha amada de Deus. Os meus sonhos eram tão pequenos e irrelevantes perto daquilo que Ele tem feito. Hoje, vivo o versículo que diz: "Porque assim como os céus são mais altos do que a terra, assim são os meus caminhos mais altos do que os vossos caminhos, e os meus pensamentos mais altos do que os vossos pensamentos" (Isaias 55). Não lute para ser alguém na vida, lute para descobrir quem Deus a criou para ser, pois toda identidade fora Dele é superficial e enganosa.

Em toda a história, Deus escolheu mulheres para fazerem a diferença: Raabe, Debora, Maria – uma prostituta, uma juíza, uma menina pobre. O segredo por trás dessas grandes mulheres? Todas disseram sim ao chamado de Deus. Raabe foi instrumento de livramento para a sua família; Débora foi a voz do Senhor para promover vitória ao povo de Deus; e Maria gerou o nosso libertador, carregou a salvação do mundo. Deus está levantando mulheres em todos os cenários para manifestar o Seu poder na Terra. Você pode viver aprisionada nas circunstâncias, na falta de oportunidades, no abuso que sofreu, na traição, no abandono; ou pode deixar Deus usar o que veio para feri-la, para matá-la, em um caminho que vai lhe preparar para viver tudo o que Ele tem planejado para você.

José foi maltratado e rejeitado pelos seus irmãos, vendido como escravo, acusado injustamente, mas Deus usou o que era para matar, ferir e humilhar para levá-lo ao extraordinário. Como Deus fez no passado, faça no presente. Como aconteceu comigo e com todas as mulheres que hoje estão contando seus testemunhos aqui, Ele fará com você. E o que você precisa fazer? Entregar seu caminho ao Senhor, ao reconhecê-Lo como seu único e suficiente Salvador, e abrir mão de tudo o que já viveu, para trilhar um novo caminho.

Ore dessa forma: "Deus, eu abro mão da minha vontade, de tudo o que sou para viver a Sua, e tudo que está preparado no mundo espiritual para mim. Abre os meus olhos, me guia pelos Seus caminhos. Eu quero ser quem o Senhor me criou para ser desde o ventre da minha mãe. Amém".Repita essa oração todos os dias com fé, medite na palavra de Deus e se prepare para viver milagres.

"Não lute para ser alguém na vida, mas para descobrir quem Deus a criou para ser. Toda identidade fora Dele é superficial e enganosa."

Débora Ferreira

Edna Pereira

Esposa de Déo Silva, mãe de Kaleber, Kauanny, Júnior e mãe de coração da enteada Agatha. Avó de cinco netos: João Lucas, Maria Tereza, Gael, Gabriele e Benício.

Pastora, escritora, mentora de mulheres, psicóloga com especialização em Saúde Mental, Psicopatologia e Atenção Psicossocial. Sua área de atuação é a psicologia clínica, e já trabalhou como técnica em enfermagem em área hospitalar pública e privada, por 20 anos.

Com seu esposo, serve como pastora desde 2006 no ministério Sal da Terra, na cidade de Uberlândia (MG). Também é idealizadora do projeto "Elas Mulheres", criado para levantar mulheres plenas para cumprirem o propósito de influenciar a sociedade por meio de devocionais, treinamentos, cursos, conferências e programas de mentoria.

ednapereira.deo

psicologa.ednapereira

elas_mulheres.oficial

Edna Pereira

Edna Pereira

13 REJEIÇÃO, CULPA E O PODER DA GRAÇA

POR EDNA PEREIRA

Nasci em Sacramento (MG) e sou filha adotiva de Eurico Pereira e Maria de Lourdes. Minha mãe tinha quatro filhos, os quais só conheci quando eu tinha 7 anos, na casa de meus avós maternos, no interior de Goiás. Meus pais, em início de um novo relacionamento conjugal, conheceram um casal, e todos se tornaram amigos. Esse casal teve uma criança – que sou eu –, e logo tiveram um segundo filho. Devido a dificuldades financeiras, desconfianças e brigas constantes, eles se separaram. Surgiu, então, a necessidade de doar seus filhos. Por esse motivo, me tornei a pessoa boa que sempre abre mão da sua vida para promover o outro. Esse é um mecanismo de defesa que usei de modo inconsciente durante o processo da adoção – o que me fez adentrar esse lugar da rejeição. Ter conhecido meus irmãos, os "grandes" (esse era o modo como eu os identificava), e não conviver com eles me fez sentir culpa ao longo de toda a minha vida.

O sentimento de rejeição pode ser associado a vários outros, tais como: abandono, fracasso, pouca interação social, privação emocional, busca por aprovação e pessimismo. Tudo isso acarreta, muitas vezes, comportamentos desajeitados e desproporcionais, numa tentativa de evitar uma possível rejeição – o que pode piorar ainda mais a situação. Devido ao medo de ser rejeitada, sempre arrastei outra pessoa comigo para alcançar êxito na vida. Sozinha, eu travava, não conseguia avançar. Perdi muitas oportunidades e tive bastantes prejuízos. Diversas foram as vezes em que promovi pessoas a subirem no pódio em meu lugar, enquanto eu as aplaudia, me sentindo realizada por meio delas. Até o dia em que, em mais uma conquista, uma pessoa que escolhi para liderar um trabalho do qual eu era a idealizadora resolveu não compartilhar o pódio comigo, mas subir nele sozinha. A estratégia usada foi a de dividir o projeto, levando com ela a maior parte das pessoas e provocando mal-estar nas relações entre todos. Por isso, desenvolvi uma crise muito grande de ansiedade.

A ansiedade cria expectativas relacionadas à necessidade de pertencimento a algo, gerando gatilhos e acionando sintomas – no meu caso, a insegurança foi ativada. Em algum lugar dentro de mim, estava escondida a rejeição e, com ela, o medo do abandono. Assim, eu não conseguia seguir com o projeto; me sentia incapaz, desconfiava das pessoas, tinha uma preocupação excessiva com comentários alheios e muitos pensamentos negativos. Precisei buscar ajuda profissional. Em sessões de análise, minha analista me perguntou: "Que tanto de você tem essa pessoa que faz com que você se sinta na obrigação de tê-la nesse lugar de importância, quase lhe custando a vida?". E um choro compulsivo veio, como se a dor arrancasse a minha alma! No processo da minha adoção, houve um acordo: eu só seria entregue se meus pais ficassem com o menino também. Inconscientemente, fui a moeda da negociação. Eu me senti na obrigação de ser boazinha o suficiente para ser adotada e forte o bastante para carregar meu irmão comigo.

Conhecer a raiz do problema e adquirir autoconhecimento melhoraram minha autoestima, porque são questões que ajudam o sujeito a entender quem ele é. Compreendendo quais são as suas qualidades e como melhorar suas fraquezas, os defeitos não são mais definitivos e podem ser trabalhados. O autoconhecimento proporciona mais controle sobre as emoções e reações negativas, bem como sobre acontecimentos inesperados. Ele garante, ainda, inteligência emocional e confiança.

Embora estivesse nesse processo de cura, feridas emocionais não paravam de aparecer. O peso da culpa era difícil de carregar. Comecei fazendo pequenos deslocamentos: avanços significativos com o apoio encontrado na terapia. Mas, mesmo assim, não conseguia me sentir digna do lugar alcançado. Era como se houvesse algo de errado, como fosse um pecado estar ali. Não conseguia celebrar os momentos bons. Para não provocar estranheza, eu sorria; mas, por dentro, eu não entendia aquele sentimento indiferente. Levei tempo para compreender essa sensação ruim. Era a culpa por meus irmãos morarem com seus avós, como se fosse eu quem tivesse tomado o lugar deles na família. Eles que eram os filhos, pelo menos da minha mãe. Eu conseguia sentir a rejeição deles nos encontros de família, e foram anos arrastando essa culpa do não merecimento e do não pertencimento, o que fazia com que eu não me permitisse viver o que Deus planejou para mim.

Ter autoconhecimento e entender a causa dos traumas, com certeza, nos ajuda muito a ser mais fortes e a mudar comportamentos que nos geram prejuízos em diversas áreas da vida. Porém, conhecer nossa essência em Deus traz transformação. O cego de nascença foi curado quando Jesus fez lodo do cuspe no chão e passou no olho dele. Naquela época, segundo historiadores, era comum que as pessoas cuspissem no chão, com nojo, ao verem um cego passar. Jesus, no entanto, usou como ferramenta a ferida do cego em sua própria cura. Quantos pensamentos poderiam estar passando na mente do cego enquanto Jesus fazia o lodo? "Será que vou mesmo ser curado? Será que isso vai dar certo?" Ele não podia ver, mas percebia os Seus movimentos. Não temos controle sobre o que pensamos, nossos pensamentos são involuntários e nem sempre estão a nosso favor. Cabe a nós decidir o que queremos: escolher crer e ser curados ou não. Penso que, enquanto Jesus usava o cuspe para fazer o lodo, o cego já estava recebendo a cura de sua ferida na alma, antes da cura física.

Logo, não é sobre o outro, mas sempre sobre nós! Nossos afetos (afeto é tudo o que nos afeta) só são transformados pelas relações. Deus quer ter contato com o homem por meio dos relacionamentos; por isso, o fez à Sua imagem e semelhança. Construímos nossa humanidade por meio do relacionamento. Não adianta querermos viver isolados pensando que, ao evitar relacionamentos, vamos deixar de ter problemas. Pelo contrário: desse modo, vamos gerar mais angústias. É importante ter sempre em mente a premissa fundamental de que o ser humano não está pronto quando nasce: ele se torna humano a partir da relação com outro ser humano. Pessoas nos ferem, mas também nos curam. Quantos nos feriram e quantos nós também ferimos? É importante reconhecer a ferida provocada no outro; esse reconhecimento já é, em si, uma ferramenta de cura, a qual podemos chamar de perdão. Ele abre a ferida e Ele mesmo a fecha com Suas mãos. Eu penso que Ele vai usar pessoas como ferramenta para abrir e para fechar, e aquilo que nós não podemos reparar ou fechar Ele mesmo fará. Jesus ensina o cego e os demais a reagir diante da ferida aberta, quando todos veem nossas fraquezas e como nos submetemos ao Seu tratamento.

Não importa quem me feriu, mas como eu reajo quando sou tocada na ferida. A mulher cananeia, relatada no evangelho de Mateus, pensava que o problema fosse sua filha. Ela recorre a Jesus a fim de curá-la, pedindo que Ele libertasse sua filha. A mulher não tinha se dado conta de que a raiz de todo o problema estava nela mesma, e não na filha. Jesus não cura sintomas: Ele cura a raiz, a arranca e cicatriza. Estamos dispostos a passar pelo processo de cura, quando o que nos salva parece doer mais do que o que nos fere? Então, Jesus provocou a mulher a tal ponto, que ela reconheceu sua altivez e seu orgulho, que eram as origens do problema. Ao reconhecer tudo isso, a mãe abandona sua altivez e se humilha; ela permite ser tocada na sua ferida, exposta aos olhares de todos, e é curada. Imediatamente, o sintoma some, e sua filha é curada também. O que atormentava aquela casa, aquela família, já não estava mais lá!

Em Deus, encontrei o significado da minha vida através de todas as feridas cicatrizadas por Ele. Que a forma e o meio que Ele usa para fazer a transformação não interfiram na forma do meu crer. Seja por meio de um profissional, seja por conexões sociais, a condição é sua; é você quem vai se apresentar e reconhecer sua necessidade. O caminho da cura até o milagre quem tem que percorrer é você. Nunca recue ou desista no meio do percurso. Com Ele, consegui romper com ciclos viciosos emocionais. Hoje, posso curar e ajudar as pessoas por meio do lugar de cura em que Ele me colocou – tanto no campo ministerial pastoral quanto pela psicologia.

Algo poderoso que descobri sobre o meu nome é que, lendo-o de trás para a frente, ele me dá uma ordem no modo verbal imperativo: "ande". Então, não posso parar e nem retroceder. Devo sempre avançar e alcançar os lugares altos que Ele tem para mim! Rompendo as barreiras e prisões emocionais, encontrei a minha vocação e a minha missão de vida: ajudar as pessoas a construírem relacionamentos saudáveis, entenderem suas emoções e o sentido de suas vidas, além de se fortalecerem em suas fraquezas e encontrarem seu propósito.

A culpa nos faz acreditar que temos poder sobre alguém. Nós não temos poder sobre ninguém e sobre nenhum acontecimento. A principal lição que aprendi é que as pessoas dão conta da vida delas: dê você conta da sua! Seus sentimentos importam para Deus, mas só você é responsável pela cura. Ele vê suas dores emocionais, Ele vê como você reage a elas. Quando não entendemos ou sabemos lidar com nossas feridas, vamos afundando cada vez mais nas nossas dores, nos tornamos pessoas amargas, adoecidas, verdadeiros enfermos de alma e corpo. As bençãos que Deus proporciona enquanto alguém está ferido nunca serão suficientes. Trata-se daquela pessoa que só se relaciona para pedir e nunca está satisfeita, até que se dá conta de que o poder de soltar os pesos está nela mesma. Quando você perceber que sua felicidade não é responsabilidade do outro, mas sua apenas, o seu interior – antes lugar de feridas e traumas – será palco de testemunhos! "Quando algo está perdido, ainda é possível se achar."

Quero desafiar você a começar hoje a ressignificar a sua vida. Em uma folha de papel, descreva suas angústias; depois, leia o que escreveu em voz alta. Você vai se sentir mais leve para fazer o caminho de volta até a sua essência.

"Não seremos lembrados por aquilo que deixamos para trás, mas por como posicionamos, em que avançamos e pelo que alcançamos. Você nasceu para tudo o que é seu. Aproprie-se disso!"

Edna Pereira

Jacqueline Taumaturgo

Meu nome é Jacqueline Taumaturgo, sou casada há 29 anos e tenho dois filhos. Sou médica oftalmologista, pós-graduada em Oftalmologia Geral pela Universidade de Porto Rico (San Juan-PR) e pelo Bascom Palmer Eye Institute (Miami-EUA).

Sou bacharel em Estudos Bíblicos pela Universidade Cristã da Flórida (Orlando-EUA), formada em Liderança Cristã no Haggai International Institute (Maui-Havaí), pastora na Comunidade Cristã Videira Brasília e autora dos livros *A arte de se reinventar: dê um novo significado à sua vida* (Ed. Vida, 2020); *Devocional forte & corajosa: presença de Deus, lugar onde a força e a coragem se encontram* (Ed. da autora, 2022); e *Devocional sábia & prudente: temor ao Senhor, o princípio de tudo* (Ed. da autora, 2023).

Desejo que minha história possa abençoar ricamente a sua.

jacquelinetaumaturgo

+55 (61) 99985-9212

Jacqueline Taumaturgo

www.jacquelinetaumaturgo.com.br

assessoria@jacquelinetaumaturgo.com.br

14 RESSIGNIFIQUE A SUA DOR

POR JACQUELINE TAUMATURGO

Nascidos em um lar não cristão de classe média, nós éramos 7 filhos ao todo; eu era a sexta em ordem de nascimento. Aceitei Cristo como meu Senhor Jesus com 6 anos de idade, quando ia à igreja com uma amiguinha. Fui uma criança e uma adolescente dedicada à Casa do Senhor.

Minha mãe é uma mulher batalhadora, com muito temor ao Senhor. Ela se converteu na mesma época que eu e sempre nos ensinava o temor a Deus. Um dia, escutando uma conversa sua com uma amiga, a ouvi dizer algo sobre a minha gravidez e interpretei isso de forma negativa. A partir daí, não me sentia amada por ela. Um sentimento enorme de rejeição passou a invadir meu coração. Consigo me lembrar desses sentimentos da minha adolescência, de quantas vezes me via sozinha pensando nessa "falta de amor" que falsamente foi criada em minha alma.

Obviamente, com tantos filhos, minha mãe se dividia em muitas para cumprir suas tarefas de mãe. Hoje, consigo ver o quanto ela se esforçava para dar o melhor para todos nós, mesmo que não expressasse isso em abraços. Com esse sentimento em meu coração, sem perceber, me esforçava ao máximo para ser a melhor em todas as situações, como uma forma de atrair o amor dos meus pais, principalmente o da minha mãe. Decidi estudar Medicina por vocação, e, apesar de muitos não acreditarem que eu seria capaz, consegui a aprovação na única universidade federal da minha cidade, Fortaleza. Eu sempre estava aprendendo a superar minhas dificuldades e a ser atraente pelas habilidades que eu tinha. Os meus resultados "compravam" meus amores.

Como cresci na igreja, não conheci o mundo; sempre busquei o propósito de Deus para minha vida. Comecei a desenvolver liderança desde muito jovem e tinha um comportamento ilibado.

Conheci o Pedro, meu esposo, aos 16 anos. Ele tocava guitarra na igreja, e isso me atraiu bastante, além de encontrar nele as características que desejava em um "homem de Deus". Namoramos por 3 anos e meio e, aos 23 anos de idade, em 1994, nos casamos. Participávamos ativamente como líderes na igreja, ministrávamos curso para casais e éramos um casal jovem dedicado à Casa do Senhor.

Com 2 anos de casada, recebi o diagnóstico de endometriose, um futuro escuro para a maternidade e uma porta para a infertilidade se abriram à minha frente. Muita dor emocional se instalou em meu coração. A dor da perda de um ser que nunca existiu, a sensação de impotência, a vergonha da "maldição", o medo do futuro, o sentimento de mutilação e tantos outros se moviam dentro de mim. A cada mês, tinha um lembrete de que o diagnóstico era verdadeiro. Como médica, oscilava entre a imaginação de uma gravidez desejada e a realidade da doença que carregava em meu corpo. Além disso, a dor física era um marco forte: dores insuportáveis insistiam em ratificar-me a presença da dor emocional que eu carregava.

Nesse período, nossa rotina começou a virar de cabeça para baixo. Muitas injeções de hormônios faziam oscilar meu humor, havia muitos exames a fazer e os tratamentos iniciavam. Entre inseminações e fertilizações *in vitro*, a vida virou uma loucura. Nesse ínterim, terminei minha residência médica em Oftalmologia e fui aprovada em segundo lugar no Brasil para estudar no exterior. Para variar, o lugar de sucesso se repetia ao longo de minha trajetória, exceto o da fertilidade.

Moramos em Porto Rico, depois nos Estados Unidos, e, ao terminar os estudos, voltamos para o Brasil. Ao chegar aqui, meu esposo, que é dentista, não conseguiu emprego na nossa cidade e foi trabalhar no interior do Ceará, local que distava 400 quilômetros de Fortaleza. Por isso, ele tinha que ir para lá segunda-feira de madrugada e só voltava na sexta-feira, semanalmente.

Com esse distanciamento rotineiro entre nós e com a cabeça cheia de questionamentos sobre Deus pela infertilidade, nosso casamento começou a entrar em crise. Nesse momento, comecei a pensar que Deus não me amava, por me permitir passar por essas dores, uma vez que eu media o amor por mim pelos meus resultados. Corpo enfermo, mente ferida, casamento em deterioração, questionamentos sem explicação...

Apesar de todo o esforço que Pedro fazia para demonstrar seu amor, no ano 2000, por toda a vulnerabilidade que vivíamos como seres humanos e como casal, e como consequência de tudo, meu esposo se envolveu em um relacionamento extraconjugal. A traição veio como uma espada que me despedaçou por inteira. Um chão foi tirado debaixo de meus pés e o sentimento de rejeição se aguçou, trazendo ao meu coração a sensação de que isso havia ocorrido pela minha infertilidade. Também nessa busca por respostas e pela felicidade pessoal, meu esposo se afastou de Deus e, consequentemente, saiu de casa. A dor emocional foi potencializada pelo abandono, de forma que eu nem sei contabilizar.

Depois de uma semana sem acreditar nos fatos, comecei um processo novo dentro de mim. Tomei a minha primeira decisão: buscar Deus com tudo o que eu tinha, e esse tudo era apenas eu mesma. Desenvolvi um relacionamento com Ele tão real e profundo que sentia que Jesus se sentava para conversar comigo. A segunda decisão, tão importante quanto a primeira, foi decidir lutar por meu casamento e perdoar tão grande ofensa.

Foram 4 anos não tão fáceis de serem contados em um capítulo de livro, mas que foram vividos de forma intensa dia a dia, nos quais somente a preciosa presença de Deus me sustentou. No meio do percurso dessa separação, uma novidade recheada de novos desafios e novas dores chegou para potencializar a minha necessidade de depender de Deus. Ele ia ser pai! Ana e Penina representavam minha história; Sarah e Agar representavam minha dor; Lia e Raquel também.

Em um dia lindo de oração e presença de Deus em meu quarto, ainda quando morava sozinha, separada dele, ouvi a preciosa voz do meu Pai, meu amigo, meu maior amor, do meu Consolador e meu Senhor Jesus dizendo: "Filha, você não é um útero infrutífero, essa não é a sua identidade. Você pode ter um coração mais frutífero do que um útero que gera muitos filhos".

Aquela voz iniciou o processo de cura em mim. Não seriam mais meus resultados, mas a minha essência. Deus me mostrou quem eu era. Ele me disse minha real identidade. Ele me ensinou a reinventar a minha vida, a minha história e, sobretudo, a minha crença sobre mim.

Ao final de 4 anos de separação, em um processo milagroso de restauração, Pedro foi resgatado pela mão do Senhor. Seu cansaço com o pecado, a certeza de que não havia nascido para isso e um desejo saudoso da presença do Pai o fez regressar para os braços Dele. Obviamente que voltar genuinamente para o Pai significava deixar a vida de pecado, e assim ele o fez. Deus restaurou nosso casamento de uma forma tão sobrenatural, curou nossas feridas e nos fez chegar até aqui, aos 29 anos de casados. No entanto, Ele nos surpreendeu tanto, porque Deus ama endireitar as nossas linhas entortadas pela nossa ignorância. Assim, a grande surpresa que Ele nos proporcionou foi a maior de todas, nos fazendo esquecer do tempo da dor.

Na época da restauração do nosso casamento, a Aninha, filha do meu esposo, já tinha 2 aninhos. Logo que voltei a conviver com ele, decidi amá-la. Entendia que o amor é um ato de decisão, e assim o fiz. A ela dava todo o amor de mãe que estava guardado em meu coração – fato que, de início, acontecia apenas quinzenalmente. Pouco a pouco, uma conquista mútua acontecia entre nós. À medida que Deus ia restaurando nosso casamente e que Pedro reconquistava minha confiança, eu agia depositando meu amor nela. Nossos laços foram se fortalecendo e um elo forte foi criado. Logo, uma relação de mãe e filha se estabeleceu entre nós.

Quando ela tinha 5 anos de idade, um bebê lindo com 1 dia de nascido foi deixado na minha casa, num sábado à noite. Aquele presente vinha de Deus para mim. O Levi foi a "cereja do bolo" que faltava para enfeitar a minha vida. O processo de adoção foi rápido e, com 4 meses, ele já era meu filho legítimo.

À medida que a Aninha foi crescendo, minha casa foi sendo a casa dela. Segurança, confiança, respeito, dedicação, obediência e cumplicidade foram alguns nomes dados ao nosso relacionamento de amor. Ela mora comigo há algum tempo e sou completamente grata a Deus pela sua vida e pelo seu amor. Ela é a filha que eu não tive, mas ganhei. Aninha tem 21 anos, é uma menina dedicada a Deus, está se graduando em Engenharia Civil e é minha filha e amiga. Levi já tem 15 anos, filho amado que me uniu mais ainda a meu esposo.

Dois filhos ligados pelo cordão do amor, um útero no meu coração que gerou vida no que parecia morto, reproduzindo o amor de Jesus, de forma direta, na vida deles e, indiretamente, na multidão de pessoas por onde nossa história tem chegado.

As minhas dores foram o instrumento de Deus para que eu fosse curada de toda a minha rejeição. Elas me permitiram reinventar a minha história, trazendo glória ao nome Dele exatamente porque Deus nos leva ao lugar da nossa dor para que experimentemos a cura, que vem somente Dele.

As suas dores não são permitidas por Deus para destruir sua vida, nem acontecem porque Deus se esqueceu de você, mas é exatamente por a amar muito que Ele permite que você se encontre sozinha com Ele. O apóstolo Paulo, no Livro de Romanos, 12:2, disse: "Não vos conformeis com este século, mas transformai-vos pela renovação de sua mente". Ou seja, mude sua forma de pensar e não viva como o mundo vive. Em outras palavras, mude sua mente com a Palavra de Deus. Não eternize a sua dor, reinvente a sua história!

Existe um conselho para você: não deixe a sua "infertilidade" definir a sua identidade. Em cada impossibilidade sua, coloque um "coração fértil", capaz de gerar frutos dignos para Deus.

Eu convido você, mulher, a ser forte e corajosa, a ser sábia e prudente, a ressignificar a sua dor e a viver a arte de se reinventar. Dê um novo significado à sua história. É possível! É preciso!

“Não eternize a sua dor, reinvente a sua história."

Jacqueline Taumaturgo

Jaine Oliveira

Sou Jaine Oliveira, tenho 24 anos, e sou natural de Ariquemes (RO), onde resido até hoje com minha amada família: meu esposo Jean Oliveira, com quem sou casada há 6 anos, e minha filha Jayane Ester.

Sou *Influencer* digital cristã, membro da igreja Assembleia de Deus, licenciada em Pedagogia, palestrante e mentora. Mas a minha história nem sempre foi de sucesso. Passei e venci inúmeros obstáculos e mostrei que é possível mudar a nossa trajetória, tendo Deus em primeiro lugar e o autoconhecimento em seguida. Além disso, não podemos nos esquecer de que também é necessária muita vontade de fazer acontecer para que nossos objetivos se realizem.

Dedico este capítulo aos meus pais, Moisés e Célia, bem como ao meu irmão. Vocês sempre acreditaram no meu potencial!

jainepsoliveira

jainepsoliveira

jaineinfluenciadoracristã@gmail.com

15 POSICIONAMENTO DIGITAL

POR JAINE OLIVEIRA

Já falei para você sobre quem eu sou e o que eu faço, mas, para que possamos chegar ao ponto principal, vou lhe contar um pouquinho da minha história e missão. Com 24 anos, percebi o quanto evoluí e quantas vidas transformei e influenciei por meio da minha trajetória nas redes sociais. Eu me sinto tão feliz ao saber disso!... E sei que ainda posso fazer muito mais, sem perder a minha essência.

Desde pequena, amo estar com pessoas e me relacionar, mas sempre fui tímida. Com 8 anos, morava no sítio com os meus pais; para ajudá-los, comecei a vender cosméticos. Ia de casa em casa, e amava ver o sorriso no rosto das pessoas quando estavam comigo. Porém, eu não imaginava que, algum dia, com esse carisma, eu alcançaria tantas pessoas. Tampouco sonhava com os planos que Deus tinha para a minha vida. Por não ter esse entendimento, me limitei a cuidar de casa e me tornar uma professora ali mesmo da área rural – aliás, cheguei a me formar em Pedagogia.

Em 2017, me casei, e criei uma conta no Instagram, com o intuito somente de postar receitas e meu dia a dia no sítio. Com o tempo, vimos que estávamos em uma zona de conforto e com dificuldades financeiras. Logo, eu e meu esposo viemos morar na cidade em busca de oportunidades. Em certa feita, ao comprar uma roupa para um evento na igreja em que eu congregava, postei sobre isso em meu perfil do Instagram. Em pouco tempo, o dono da loja visualizou a postagem, entrou em contato comigo e disse que viu potencial em meu conteúdo. Assim, ele me convidou para trabalhar em sua loja como vendedora; e, com isso, me apaixonei ainda mais pela comunicação.

Aos poucos, fui perdendo a timidez de falar em frente às câmeras e com o público, e descobri que influenciar pessoas era minha missão para algo ainda maior. Decidi, portanto, usar o Instagram para tal função: a de ajudar, incentivar e transformar muitas vidas em áreas espirituais e sociais. Porém, nada disso foi fácil; por trás das câmeras, estavam o meu esposo e meus parentes, que nunca me deixaram desistir desse sonho. Jean esteve sempre ao meu lado, fazendo o que podia para me auxiliar. Todas as vezes que, por cansaço ou desânimo, eu pensava em desistir, ele me dizia: "Você não tem noção do poder que tem". A comunicação é um dom que Deus me deu para servir.

Hoje, no meu perfil **@jainepsoliveira**, mostro meu dia a dia e minha família, que é meu maior tesouro. Lá, eu procuro incentivar as pessoas a serem quem elas são e a alcançarem suas metas, sem perderem sua essência. Também incentivo meus seguidores a buscarem a paz, que excede todo entendimento. Já obtive várias conquistas e muitos testemunhos com o meu posicionamento nas redes sociais. Uma palavra que resume meu sentimento hoje é a gratidão.

"Sempre brinco de Joelândia para o mundo." E, com tudo isso acontecendo, entendi que minha missão é influenciar pessoas para o reino de Deus, mostrando que não precisamos violar os nossos valores e nem nos prender a padrões da sociedade. O importante é sempre manter viva a nossa essência, nos tornando mulheres em destaque.

Como me posicionar no mundo digital?

Agora que já nos conhecemos, vamos conversar sobre o tão falado posicionamento digital. Primeiramente, gostaria de lhe perguntar: como você ou a sua marca vem se posicionando nas redes sociais? Enquanto você pensa sobre isso e anota sua resposta, conversaremos um pouco sobre o que é posicionamento.

O posicionamento nada mais é do que a maneira como você se comporta; é a famosa comunicação não verbal. É aquilo que vai determinar se o que você está falando faz sentido. Por isso, ele é tão importante, pois faz com que as pessoas passem a observá-la.

Antes de um procedimento cirúrgico, por exemplo, ou até mesmo de comprar um objeto de valor alto, você faz uma pesquisa, certo? Analisa se determinado médico é confiável, se a loja onde irá comprar tal objeto realmente existe, se ele vale a pena etc. Ou seja, de forma indireta, buscamos o posicionamento de algo ou alguém. E, normalmente, procuramos essas informações digitalmente. Portanto, é muito importante que a sua imagem ou marca transmita credibilidade.

Em seguida, vou lhe apresentar três ferramentas que você precisa utilizar para garantir um bom posicionamento no mundo digital. (Desde já, devo informar que tudo isso exigirá de você constância e resiliência, pois não será da noite para o dia que tudo vai acontecer.) As ferramentas são:

- *Acreditar:*

Anteriormente, falei que meu marido e minha família sempre me apoiaram para que eu me tornasse quem eu sou, hoje. Inicialmente, eu não tinha um celular muito bom para fazer meus provadores, e o meu esposo, junto com os nossos familiares, guardaram algum dinheiro para que pudéssemos comprar um celular com uma câmera boa, a fim de que eu pudesse fazer o meu trabalho com excelência. Essa foi uma das primeiras ações deles para demonstrarem o quanto acreditavam em mim.

Então, ter confiança em si mesma, acreditar que você alcançará suas metas, ter objetivos e não desistir deles é fundamental. Porém, estar cercada de pessoas que a apoiam é muito melhor. Mas também pode acontecer de você não ter o apoio dos seus familiares e das pessoas ao seu redor, e eu lhe digo: "Não tem problema". Como afirma a mentora Camila Vieira: "Haja com coragem, verdade e humildade". E o melhor incentivo que lhe dou é: se apegue a Deus, pois nem sempre a trajetória será de rosas; haverá espinhos no caminho. Tenho uma amiga que costuma dizer: "Quantidade não é qualidade. Mas a qualidade atrai a quantidade". Então, não se prenda à quantidade de seguidores que você tem ou a pessoas que não acreditam em você. Preocupe-se com a qualidade do seu conteúdo, e o resto vai fluir. Lembre que acreditar em si mesma e no seu projeto exige renúncias, posicionamento e constância. Isso é essencial e deve ficar fixado em sua memória.

- *Ter uma razão:*

É preciso encontrar a sua razão, deixando bem claro o que você pensa, em que acredita e qual é o seu propósito. Para esse pilar, vamos trabalhar juntas, por meio de perguntas e respostas. Então, pegue uma caneta e vamos ao trabalho! (Seja totalmente sincera, pois você não está respondendo para mim, mas para você mesma. Entenda o poder da autorresponsabilidade, e quebre a autossabotagem.)

Qual é o seu propósito?

____

____

O que você gosta de fazer?

____

____

Qual é a marca que você quer deixar no mundo?

____

____

Agora que você já respondeu às questões, veja o que essas três respostas têm em comum: essa é a sua razão!

Tenha propriedade sobre aquilo que comunicará ao seu público em suas redes. Transmita seus valores com verdade e humildade; assim, manterá viva a sua essência. Fale sobre assuntos nos quais você acredita e sobre aquilo que você pensa – tudo de maneira bem clara e objetiva.

- *Conteúdo:*

Chegamos à nossa terceira e última ferramenta para que você inicie um posicionamento de alta performance nas mídias sociais. Porém, para que você comece a ler sobre essa ferramenta, é preciso que tenha entendido bem os tópicos anteriores, pois agora usaremos tudo o que aprendemos até aqui.

É importante entender que marca e posicionamento andam juntos. Quando você gera um conteúdo com credibilidade e propriedade, constrói um posicionamento, gerando identificação por parte do público. A construção de conteúdo é algo que exige extrema dedicação, pois é o que refletirá nos sentimentos das pessoas, fazendo com que os seus seguidores se lembrem da sua marca/imagem sempre com um pensamento positivo.

Ao reunir razão e aquilo em que você acredita, cria-se o seu conteúdo. Para a geração do seu conteúdo, vou lhe apresentar sete pontos que garantem um posicionamento digital de alta performance, sem abrir mão da sua essência:

- arrume a casa (sua página na internet, fotos, biografia, destaques etc.);
- defina seu produto e seu público-alvo;

- ofereça um conteúdo valioso;
- tenha um relacionamento com o seu o público;
- mostre sua marca;
- foque na humanização (não fuja da sua essência); e
- tenha constância.

Com todas essas informações, você está pronta para crescer no mundo digital. Vamos gerar mudanças! Prepare sua caneta e mande embora a autossabotagem.

De 0 a 10, quanto acha que está conseguindo trabalhar e transmitir a mensagem correta sobre o que sua marca ou você realmente é?

____

De 0 a 10, sua logo ou seu *slogan* demonstra sua missão no mundo digital?

____

De 0 a 10, como você tem alimentado o conteúdo das suas redes sociais?

____

Analise suas respostas. Se sua média estiver acima de 6, estamos no caminho, mas precisamos melhorar. Porém, se estiver abaixo de 6, mulher, vamos organizar essa imagem!

Foi ótimo estar com você até aqui. Espero que use as ferramentas e se torne uma mulher de sucesso no mundo digital. E o mais importante: **sem perder a sua essência.**

"O processo pode até causar feridas, mas irá gerar testemunho para curar outras pessoas. Avante! Seja uma inspiração por meio da sua história."

Jaine Oliveira

Jaqueline Oliveira

Sou a imagem e a semelhança do meu Criador, com a missão de ser mãe da Kellen Caroline, da Hadassa Vitoria, do Samuel Eliã Marcos e do coração João Henrique. Sou, também, esposa do Marcos Aurélio, filha, irmã, serva, mentora e conselheira. Tenho, além disso, funções distintas: atuo como CEO da JOC Treinamentos, sou escritora, *master coach* e analista do comportamento humano. Eu me considero uma mulher criativa, disposta a sempre seguir em frente, sem guardar mágoas – apenas boas memórias. Tenho o sonho de ver todas as mulheres e jovens de quem eu me aproximar sendo impactados e transformados por meio do desenvolvimento da sua inteligência emocional e espiritual. Minha missão é instruir, guiar e influenciar positivamente quatro indivíduos a se tornarem pérolas raras, com a capacidade de impactar e influenciar vidas de forma transformadora e positiva. Nobreza é o valor para atingirmos todos os resultados, de forma leve e digna.

jaquelineoliveiraezer

www.jaquelinemaster.com.br

16 A OSTRA

POR JAQUELINE OLIVEIRA

Quando um corpo estranho (um grão de areia) entra em uma ostra, causa dor e inflamação. Dentro dela, há uma substância lustrosa chamada nácar. Assim, quando um grão de areia a penetra, as células do nácar começam a trabalhar e criam camadas para proteger o corpo indefeso da ostra. Como resultado, uma linda pérola se forma! As pérolas, portanto, são produtos da dor, e representam o resultado da entrada de uma substância estranha ou indesejável em seu interior. Uma ostra que não foi ferida não produz pérolas, pois a pérola é uma ferida cicatrizada.

As ostras são moluscos bivalves (são animais com o corpo protegido por uma concha que tem duas valvas). Em sua maioria, são marinhos e encontrados em muitos oceanos do mundo. Nós, humanos, os vemos como um tipo de animal economicamente valioso, pois são uma fonte de alimento e pérolas. Além disso, as ostras parecem ser purificadores eficazes de água poluída, como indicado em vários experimentos feitos nos Estados Unidos, em 2006. Tais animais são alimentados por meio de um filtro, abrindo suas conchas para permitir que a água passe por suas guelras, fornecendo-lhes alimento e oxigênio. Por isso, as ostras podem ser usadas para limpar águas impuras – embora, isso possa prejudicar as próprias ostras, pois elas acumulam toxinas.

A relação entre os seres humanos e as ostras é bastante antiga; muitos homens primitivos as apreciavam, já que são alimentos relativamente fáceis de colher e ricos em nutrientes. Muitas pessoas consideram esses moluscos uma iguaria e, muitas vezes, eles são comidos crus por sua suposta qualidade afrodisíaca. No entanto, a ingestão de moluscos contaminados pode causar envenenamento paralítico, e, como consequência, a paralisia temporária dos membros.

Você já observou uma ostra? Quantas características você pode encontrar nela que se assemelham a quem você é ou tem sido? Assim como as ostras, muitas de nós temos vivido em formato de concha, com duas valvas: uma para nos alimentar e outra para expelir. Igualmente, vivemos sob o domínio do medo. Quando notamos predadores, nos fechamos para evitar o risco iminente. Ao pensar sobre predadores, você talvez possa dar nome a eles, que, em sua maioria, estão dentro da sua casa, na sua própria família. São pais que não sabem conversar, muito grosseiros aos seus olhos. Eles não a compreendem, não lhe dão a atenção que você gostaria de receber, fazendo-a sentir-se abandonada. Talvez você já esteja casada, mas vive uma vida disfuncional baseada nos relacionamentos que vivenciou na infância, quando já não era compreendida.

Hoje, então, você acredita que seu cônjuge tem a obrigação de compreendê-la, e isso tem se tornado uma cobrança exaustiva. Ou, em outro momento, podem ser seus filhos, que exigem o tempo todo algo que você não pode dar a eles. Ou, ainda, simplesmente não lhe cobram nada – o que a tem torturado pela culpa por estar sempre trabalhando e, mesmo quando chega em casa, você não consegue ter com eles um tempo de qualidade. Talvez seja, ainda, um cônjuge que cobra demais, que é ciumento e só profere palavras negativas, sem fé ou esperança. Quando fala verdades, ele o faz como ataques, e você não aceita desaforo. Afinal, apesar de se sentir culpada, você não vai ficar só ouvindo; logo, acaba também atacando-o com palavras ou atitudes. Essa situação tem se tornado normal; afinal, "todo mundo vive assim". Não esqueça: "você é a média das cinco pessoas com quem mais convive" (Jim Rohn).

Assim como as ostras, os seres humanos que vivem em conchas podem ser encontrados tanto em meio à pobreza (financeira ou mental) quanto entre os mais abastados. Já com pessoas emocionalmente inteligentes e fortes isso é mais raro. Vale, ainda, ressaltar que pérolas "se tornam" a partir de moluscos. (O dicionário diz que "tornar significa regressar ao lugar de onde saiu".)

A ostra é uma concha que só se abre para se alimentar ou expelir resíduos, e se fecha ao se sentir ameaçada. Nesta vida, nada se cria, tudo se copia! O ser humano é como uma bolha, vive em uma ostra/bolha criada para si. Muitas vezes, durante a infância, essa concha/bolha é formada por seus pais ou responsáveis cuidadores. Já na fase adulta, diante de comportamentos, sentimentos, atitudes tóxicas ou qualquer pressão, a pessoa recua. Ao experimentar a primeira dificuldade, quando não abandona o barco de sua vida, dá o leme para outro timoneiro conduzir e passa o resto do tempo se lamentando pela trajetória que não pôde construir, pois estava na direção oposta aos seus sonhos e projetos. Porém, dessa forma, é mais conveniente. Afinal, essa pessoa não precisa assumir responsabilidades por seus erros, pois foram os outros que a conduziram para onde não queria. Tampouco tem forças para dizer não; está sempre procrastinando, falando mal do mundo, criticando pessoas e sobrevivendo sem esperanças.

A única iniciativa do vitimizado é escolher quem será seu ponto de apoio, aquele que sempre o abraça, fica com dó dele e seca suas lágrimas com boas palavras. Esse apoio não o leva à autorresponsabilidade, mas o mantém no mar da inércia, de carona na vida ou história de alguém. E assim passa seus dias; nada tem para se orgulhar, sua biografia tem alguns poucos rabiscos, que talvez rendam um capítulo mal escrito por sua família, com histórias engraçadas ou não de sua infância. Mas, e sua parte da escrita? Com o que você tem contribuído? Qual será sua marca deixada? Qual frase fará com que as pessoas se lembrem de você na sua ausência?

Você sabe qual é a sua origem? Registre sua resposta abaixo, em poucas palavras.

____

____

Qual foi o sonho mais ousado dos seus pais?

____

____

Eles acreditam que vão realizá-lo (ou acreditavam)?

____

____

Qual é o sonho mais ousado do seu cônjuge?

___

___

Quais são os sonhos mais ousados dos seus filhos?

___

___

Criticar e questionar é mais fácil do que pensar, receber um não e ser criticado. Por muito tempo, eu vivi assim, em uma bolha de inseguranças, medos, necessidade de aprovação, inveja e procrastinação. Mas um dia compreendi que acontecimentos tão distantes me afetaram emocionalmente, e isso limitou minha riqueza, no passado. Hoje, sou livre e próspera. A consciência de minha essência foi o que transformou meus resultados e minha saúde emocional e espiritual. Assim como a ostra, sofri muitos ataques de grãos de areia, mas o meu foco estava na dor, e não no que a areia estava executando em mim. Então, acabei me esquecendo da minha origem real. "Ezer", filha do rei, foi chamada para auxiliar por ser forte e determinada, (Jaqueline significa "aquela que supera"', até disso eu me esqueci). Eu me mantinha na vitimização e sempre dizia: "Mas a minha situação é diferente da sua". Buscava sempre a aprovação de todos, com medo de ser abandonada.

(Abro parênteses para convidá-la a refletir: em uma escala de 0 a 10, quanto você tem vivido em busca da aprovação dos outros? Talvez você diga que não é assim, afinal, é tão orgulhosa que nunca admitiria que todo o seu mau humor vem da necessidade de se sentir amada, de querer se sentir importante. Quero lhe dizer: abandone hoje mesmo esse barco; ele não é seu. Talvez tenha outra pessoa o conduzindo. Tome o leme para si e volte a navegar na direção do seu propósito.)

Quando deixei de dar atenção à dor e foquei no propósito do nácar (para mim, o Espírito Santo) e em ver que Ele trabalhava incessantemente na proteção e na reabilitação do meu organismo, me fortalecendo a cada ataque, percebi que havia muitas pérolas preservadas no âmago da minha existência. Você talvez esteja presa às dores e aos traumas do passado e do presente. Portanto, eu a convido a olhar para a performance da pérola e experimentar viver os benefícios de sua essência. Além de purificar o ambiente, sua presença ainda produz valiosas pérolas, com algo que parece não ser de grande valor para os outros. As dores de um casamento destruído, as dificuldades de criar uma filha sem o seu pai biológico e os ataques à minha conduta moral, sem prévio aviso e quase sempre pelas costas, produziram em mim a capacidade de impactar vidas, contribuindo para a transformação por meio da escrita, de palestras, mentoria, treinamentos e liderança espiritual.

Lembre-se de que Jesus veio a este mundo a fim de viver as nossas dores, para poder nos entender e ajudar quando clamássemos. Ao participar de suas dores, podemos, de alguma forma, ajudar quando estamos diante de cenários nos quais possamos ser uma influência positiva. Diz 2 Timóteo 1:7: "Pois Deus não nos deu espírito de covardia, mas de poder, de amor e de equilíbrio". Portanto, seja forte e corajosa. É hora de tomar uma decisão que mudará todos os resultados de sua vida. Sei que não é fácil, mas olhe para a essência da ostra – ela cria valor a partir de dores. Não estou sugerindo que você se entregue à dor, mas que olhe dentro de si mesma e encontre o seu propósito. A sua dor está ligada à sua missão.

Eu oro por você neste momento: Senhor, eu lhe peço: abre os olhos espirituais de sua filha, retire dela esse espírito de medo, aflição e confusão. Fortaleça seus ombros cansados e mostre a ela as pérolas que foram produzidas e que estão embaixo desse amontoado de teias de aranha, por medo do que os outros possam pensar. Tira, Senhor, as escamas dos seus olhos e mostre a ela sua real identidade de filha amada do Pai. Em nome de Jesus, eu a abençoo a crescer em sabedoria, saúde, amor, alegria, paz e toda a prosperidade que o Pai lhe reservou desde o princípio. Amém.

"Você não está lutando contra outras pessoas, mas contra a procrastinação, que você insiste em deixar dominar a sua vida."

Jaqueline Oliveira

Juliana Andrade

Sou Juliana Andrade, natural de Goiânia (GO), cidade onde moro com minha família. Tenho um casamento de 14 anos e quatro filhos lindos: Elisa, Ester, Rafael e Amanda. Educadora há 15 anos, sou especialista em alfabetização e letramento, psicopedagoga, mentora de mulheres, palestrante, escritora e empreendedora, tendo idealizado o Instituto Conexão Essencial.

Minha principal missão é levar Jesus por meio do meu exemplo e método de vida, ensinando que o segredo para uma jornada próspera é nos conectarmos com Deus, com a nossa essência e o nosso propósito.

Aprendi e quero ensinar que nossa vida só faz sentido quando sabemos quem nos criou, quem somos, para quem somos, por que nascemos e por quem devemos lutar incansavelmente. Descobrir o meu propósito de vida foi renascer.

juandraderios

institutoconexaoessencial

+55 (62) 98423-9101

institutoconexaoessencial@gmail.com

17 CUIDE DA SUA CRIANÇA FERIDA, ELA SEMPRE FARÁ PARTE DA SUA VIDA!

POR JULIANA ANDRADE

Com poucos recursos, meus pais decidiram se casar em 1985. Mesmo morando de aluguel e passando por muitas dificuldades financeiras, decidiram ter filhos. Nasci no ano seguinte, e minha irmã, em 1988. Quando completei 2 anos, meus pais já haviam construído um barracão em um lote que possuíam. Cresci vendo a luta do meu pai viajando muito a trabalho e minha mãe cuidando de nós. Trabalhar, estudar, valorizar a família, agir com honestidade, falar sempre a verdade, ter respeito e persistência eram os valores mais importantes para eles.

Vivenciei muitas situações difíceis na minha infância, na adolescência e na fase adulta. Por meio da intervenção divina e da autoconscientização, consegui dar um novo significado para cada acontecimento em minha vida, decisão que tem me proporcionado grandes transformações. Houve um determinado momento da minha trajetória em que precisei me conscientizar sobre fatos ruins que permaneceram em minha memória. Isso não aconteceu ao buscar entender os porquês, mas para aceitar, perdoar e me convencer de que não tive culpa. Além disso, culpar os outros e os fatos não mudaria nada; pelo contrário, isso prolongaria o ciclo de ferir pessoas. Se tenho feridas mal curadas, sentirei dor e terei o hábito de reagir em minha defesa, ferindo outras pessoas. Posso dizer que minha história se resume em fé em Deus, perdão e autoperdão – que é a grande chave para a libertação.

Vou contar a vocês um fato acontecido na escola, no meu período de alfabetização. O engraçado é que me lembro de muitas coisas que eu nem gostaria de me lembrar. Ser sensível é isso: nos recordamos do necessário, do desnecessário, sentimos tudo com intensidade, percebemos energias, olhares e comportamentos que, na maioria das vezes, nos afetam diretamente. Quando completei 6 anos, meu pai recebeu uma proposta para trabalhar em Tocantins, e nos mudamos de Goiânia. Lembro que essa foi a maior dor emocional que senti, pois me afastaria dos meus avós e da minha madrinha. Pensar que eu ficaria longe deles por tempo indeterminado foi o fim. Chorei por dois meses e meus pais, sensibilizados com a minha dor, decidiram me deixar morando com os meus avós. A questão é que sempre fui muito apegada a todos, e, longe dos meus pais, também sofri. Apesar dos cuidados e do amor que recebi da minha família paterna e materna, a verdade é que eu queria ficar rodeada por todos: avós, tios, primos, meus pais e minha irmã.

Fui matriculada em uma escolinha para ser alfabetizada, e minha sorte é que minha mãe já havia me ensinado as letras e o meu nome. Quantas lembranças lindas tenho dela segurando a minha mão para escrever cartinhas, com a maior paciência deste mundo. Bem diferente era a nova professora: rude, impaciente, colocava apelidos nas crianças, gritava e criticava quase toda a nossa turma. Aos 6 anos, percebi que muitos adultos nos faziam sentir profundos vazios. Desde essa época, aprendi o que era a angústia, porque eu chorava muito no meu quarto. Não dizia para ninguém o que acontecia: o medo tomava conta de mim. Que falta senti dos meus pais!

Após 12 meses, eles retornaram. Que alegria! Foi um reencontro comigo mesma novamente. Quanta saudade senti da minha mãe cantando e cuidando de mim, da sua comida feita com amor, dos meus trabalhos de escola que ela tinha o prazer de acompanhar, dos sucos feitos de acerolas fresquinhas antes do balé e até da trajetória de ônibus ao lado dela fazia total sentido para a minha existência! Também das brincadeiras de escolinha com minha irmã, meu pai organizando churrascos para reunir os familiares... Que saudade de tudo e de todos! Por isso, contemplo com intensidade o tempo presente, evito me perder nas lembranças e me esforço para controlar a insegurança acerca do futuro, que é um mistério.

Tive uma fase rebelde na adolescência, em que a paciência passava longe; então, ficar dentro do meu quarto escrevendo se tornou um hábito diário.

Escrevia poesias sobre meus sonhos, dores, o amor... E uma fera surgia se alguém me incomodasse. Uma agressividade descontrolada tomava conta de mim. Eu me lembro de bater a porta do quarto com muita força se ousassem dirigir a palavra a mim, por me tirarem de mim mesma e da minha "caverna". A única coisa que me motivava era morar dentro dos meus pensamentos, sonhos e sentimentos. Infelizmente, tudo o que guardei dentro de mim na infância se revelou na adolescência rebelde.

Feridas abertas sem tratamento sangram e doem muito. Nossos responsáveis, sem muito conhecimento e entendimento, vão nos moldando segundo o seu ponto de vista e suas experiências. Normalmente, não aprendemos a lidar com emoções, fases da vida, nossa essência, dons, singularidades e temperamentos que podem ser controlados. Além disso, pouco conhecemos sobre agir com clareza, praticar o perdão, ter ciência de propósito, missão, virtudes, posicionamento e aceitação, dentre outros valores. Na infância, nos deparamos com a culpa, a rejeição, a autocobrança, a baixa autoestima, o sentimento de inferioridade e a mágoa, sem saber o que esses sentimentos são, exatamente. Então, na adolescência, com os hormônios, tudo reverbera em potência. Diante de tantos acontecimentos, fui crescendo e me afastando afetivamente dos meus pais; infelizmente, eles me deram esse espaço também. Comecei a namorar aos 15 anos o garoto mais conhecido da escola, o Jorge Eduardo, que se tornou o amor da minha vida. Entre erros, acertos, imaturidade e uma paixão muito forte, namoramos por 6 anos e, em 2008, nos casamos. Estamos juntos há 14 anos e constituímos uma bela família. Nossa história é inspiradora, cheia de desafios, superações e muito amor.

O grande sonho de encontrar um amor de verdade se realizou e continuei sonhando. Sonhava que me casaria, teria filhos, uma casa perfeita e uma vida sem problemas e decepções. Sonhava com uma vida próspera e abundante, com muito dinheiro para desfrutar das melhores coisas. Diversas pessoas me diziam que eu estava iludida. Cresci achando que era errado pensar merecer o melhor de tudo, em ser rica, em usufruir das melhores coisas que o dinheiro poderia comprar. Essas crenças limitantes me prejudicaram muito.

No próximo livro, contarei toda a história de amor entre mim e Jorge Eduardo. Sou muito grata por ser quem sou, e reconheço que meus pais fizeram o melhor por mim, para me verem feliz. O grande aprendizado é que, enquanto adultos, precisamos ensinar sobre resiliência sendo resilientes, compreender sobre ganhos e perdas e pontos positivos e negativos em todas as situações pelas quais passamos. Nem sempre podemos dar o que as crianças e os jovens querem. Mas, eles precisam, principalmente, é de presença e amor.

Escolhi ser professora para ser diferente de algumas professoras insensíveis que passaram por minha vida. Optei por essa missão com a ideia de ser luz e esperança na vida das crianças, para incentivá-las a sonhar, sorrir e mostrar que precisam se esforçar cada vez mais para errarem cada vez menos. Esse dom me completa, e me vejo em cada criança que passou e passa em minha vida. Apesar de tantas marcas negativas trazidas da infância, cresci acreditando que há amor para quem decide amar, que existe o paraíso se acreditarmos nele, e que tudo o que queremos podemos realizar. Não é simples desvencilhar a mente de tantos padrões. Precisamos buscar constantemente estratégias para nos curar e não deixar as dores emocionais refletirem no corpo. O principal segredo é alimentar nosso espírito em Deus para aprendermos a aceitar, perdoar, nos reconstruir e fazer a vida fluir.

Desde 2017, após participar de retiros espirituais e encontrar pessoalmente Jesus, me conectei fortemente comigo mesma e com minha essência. Decidi aceitar, perdoar e, definitivamente, não julgar. Hoje, sou responsável pela minha cura interior e felicidade. Encontrei em Deus a paz que sempre procurei! Precisamos assumir que somos responsáveis por identificar as dores que nos fazem parar, que tentam camuflar a nossa essência, que insistem em abafar a nossa voz. Tais dores nos fazem pensar, diversas vezes, que não somos importantes, que não merecemos viver as melhores coisas desta vida e que somos inferiores. Somos seres criados por Deus, somos continuação da humanidade, e nosso primeiro núcleo familiar é o principal responsável pela nossa formação e educação. Mas as pessoas que fazem parte da nossa história, como professores, amigos, namorados e esposos, também são referências e influências para o nosso desenvolvimento.

Na minha infância, sempre fui muito sonhadora; me lembro, como se fosse hoje, das dores que sentia. Eu só queria ser feliz, ver meus pais felizes, realizados e ter a nossa vida transformada. Jamais esqueço por quantas dificuldades financeiras passamos. Porém, meus pais resistiram com muita garra e persistência a todas as adversidades. Somos chamados a tratar dos nossos traumas, das rejeições, humilhações e violências, e as experiências negativas guardadas no nosso consciente e subconsciente precisam ser aceitas, compreendidas e ressignificadas. Há muitos problemas que não conseguimos superar porque não nos conscientizarmos de que nossa criança ferida precisa ser aceita, amada e curada, para que possamos ser adultos transformados. Respeite e cure sua criança interior ferida – ela ainda influencia a sua vida. A luz de que você precisa está dentro de você. Reencontre Jesus. Cure seu corpo, sua mente e seu espírito! Seja luz!

Somente dois seres podem fazer algo para tudo ser melhor em sua vida: você e Deus. Citarei abaixo os passos que segui e ainda sigo para curar feridas (eles têm dado certo em vários aspectos):

1º nos conscientizarmos de que temos feridas emocionais e espirituais e que, enquanto tivermos vida, seremos feridos;
2º querer curar as feridas (vontade determinada); e
3º buscar meios para curá-las (orações, direções espirituais, confissões, celebrações, músicas, retiros, terapias, mentorias, contato com a natureza, contemplar o amanhecer e o entardecer, a Lua, as estrelas, o sorriso de uma criança etc.)

Sirva com amor! Coloque Deus em primeiro lugar. Ele te conduzirá! Você é grande, única, especial e precisa reencontrar a si mesma, conhecer sua essência e conseguir se ver, a fim de descobrir e entender o seu propósito. Lembre: sua vida faz sentido na vida de alguém.

"A luz de que precisa está dentro de você. Reencontre Jesus, cure seu corpo, sua mente e seu espírito! Seja luz!"

Juliana Andrade

Lívia Lacerda

Meu nome é Lívia Lacerda, nasci em Muriaé, Minas Gerais. Sou casada com Fabricio, com quem tenho dois filhos: Heitor e Helena. Hoje, atuo como pastora na Rede de Mulheres da Igreja Metodista Wesleyana.

Técnica em Administração e Capelania, me graduei em Enfermagem e Teologia. Tenho pós-graduação em Neurociência e sou analista comportamental. Além disso, sou graduanda em Psicologia e professora de Teologia do Novo Testamento.

Desde os meus 8 anos, tive a certeza de que seria pastora, e fui me preparando para isso ao longo dos anos. Porém, cresci com muita necessidade de aprovação, de ser aceita e valorizada pelos outros, o que despertava em mim um sentimento de insegurança e uma sensação de inadequação. Comecei a prestar atenção no quanto isso me prejudicava e, a partir de tal inquietude, descobri valiosas lições.

livialacerda9

+55 (32) 99822-1646

livialacerdapastora

misslivialacerda@gmail.com

18 O DESAFIO DE SUPERAR A INSEGURANÇA

POR LÍVIA LACERDA

Na infância, ouvimos frases que não conseguimos compreender e interpretar corretamente. Quem as diz costuma ter as melhores intenções, mas, como a capacidade de interpretação de uma criança é reduzida, podemos desenvolver reações negativas ao que nos foi dito, influenciando nossa visão de mundo e nós mesmos ao longo da vida. O que eu quero compartilhar aqui tem a ver com isso. Cresci querendo ser aceita e valorizada pelos outros. O desejo de me encaixar e de participar de grupos foi quase a forma única de eu me sentir especial. Ao buscar segurança emocional por meio da aceitação das pessoas, acabei comprometendo minha identidade e me tornando insegura.

Para completar, ouvia sempre que as pessoas com temperamento melancólico eram tristes e pessimistas. Eu me questionava como iam gostar de mim se eu tinha esse temperamento. Fui criando uma visão distorcida de mim mesma e, constantemente, buscava a aprovação dos outros. Ter uma autoimagem negativa é um processo desafiador. Por vezes, não conseguimos apreciar o que temos de melhor e vamos crescendo sem conhecer todas as potencialidades que Deus colocou em nós. Eu me via insegura e procurando frequentemente palavras de afirmação. Sempre recebi muitas declarações encorajadoras, mas essa era uma área delicada, que teve um impacto significativo e na qual eu precisava de ajuda.

Deus precisava e queria tratar isso em mim. Recebi meu chamado pastoral aos 8 anos de idade. Eu já sabia qual era a minha vocação, mas imagine ser uma pastora que, constantemente, busca a aprovação das pessoas?

Seria um ministério cheio de desafios e decepções. A insegurança é um problema: temos medo de falhar, nos preocupamos excessivamente com o que os outros vão pensar e nos sentimos inadequadas. Caminhar sem confiança é bastante limitador. As pessoas sempre serão importantes em nossa jornada, elas representam um apoio, podem ser conselheiras e auxiliadoras, mas não podem decidir ou ocupar um lugar que é nosso. Precisamos saber qual é o limite das nossas relações. Às vezes, o tapinha nas costas não virá. E aí? Ficaremos estagnadas?

Aos 24 anos, Deus iniciou um grande processo em mim. Eu, meu esposo e meu filho nos mudamos para uma cidade do interior do Rio de Janeiro, abrimos uma empresa e, com menos de três anos, passamos por uma recessão no país. Nossa empresa enfrentou dificuldades e comecei a depender totalmente do Senhor. A cada dia, víamos suas provisões. Eu sentia o vento, mas também conseguia ver Deus no meio dele segurando minhas mãos. Havia meses em que não sabíamos como pagaríamos os funcionários; vivendo de milagres, víamos as provisões chegando, dia após dia. Foram muitos meses de impossibilidades e incertezas, sem saber como faríamos. Nossa empresa fechou com uma dívida de cerca de 200 mil reais. Passei por um período de pânico, sem conseguir usar o celular ou o computador, sem ter condições de trabalhar. Nessa época, estava grávida – e foi isso que, com certeza, me deu mais forças para lutar.

Por vezes, nossa luz era cortada. Não podíamos pagar o parto ou comprar o enxoval do bebê. Foi um período desafiador. Quando tudo parecia estar prestes a se resolver, a situação piorava. Meu esposo recebeu algumas propostas de emprego, o que parecia que nos ajudaria. Eu tomaria conta da nossa empresa e ele viajaria, trazendo recursos extras para nos ajudar a sair das dívidas. As duas empresas nas quais ele entrou prometiam boas condições e bons salários. Mas, assim que começava, o cenário não era tão favorável e, como o trabalho era comissionado, nossa dívida só crescia. Não entendíamos o porquê de, mesmo estando naquela situação, Deus permitia que as propostas chegassem de maneira tão perfeita e, depois, se mostrassem uma decepção.

Hoje, conseguimos entender os caminhos. Os empregos recolocaram meu esposo no mercado, fazendo com ele agregasse mais conhecimento e experiência à sua carreira. Ao ser chamado por sua antiga empresa, a proposta foi a de que ele tivesse um salário fixo. Ao me ligar, tive o discernimento de que ele não deveria aceitar aquela proposta. Conversamos, e ele, então, fez uma contraposta para a empresa. Se ele tivesse um salário fixo, ficaríamos arrastando uma dívida por longos anos. Ele propôs, então, trabalhar por comissão. A área era pequena, o salário seria menor do que a remuneração fixa, inicialmente. Não seria melhor aceitar o que a empresa tinha sugerido e sair do aperto? Aos olhos humanos, seria melhor aceitar e deixar a outra empresa. Por que eles fariam diferente para o meu esposo, se os novos contratados tinham um salário fixo? Por que abririam uma exceção?

As impossibilidades eram maiores que as possibilidades. Esse é o caminho que Deus gosta de usar: o do impossível. A empresa aceitou a proposta do meu marido e começamos com um salário menor. Era desafiador acumular tantas dívidas. Mas, depois de dois anos, Deus fez prosperar sua área e conseguimos pagar tudo o que devíamos.

No livro *Temperamentos transformados*, o autor Tim LaHaye fala sobre como Deus pode transformar as falhas do nosso temperamento e usa quatro personagens bíblicos para exemplificar como Ele age em nossas vidas por meio do Espírito Santo. Logo, comecei a apreciar o meu temperamento, e isso foi libertador. Vi quantas habilidades Deus tinha me dado. Os rótulos são pesados quando nosso autoconhecimento é limitado. É verdade que o temperamento melancólico tem seus desafios, mas qualquer outro também tem. O importante é conhecer nossos pontos fracos e saber trabalhar com eles e neles, e não considerá-los características limitadoras ou fardos que nos atrapalham a caminhar. Aprendi que as nossas dificuldades e limitações nos levam ao centro da vontade de Deus.

Se você tem alguma característica que acredita ser limitadora, saiba que reconhecer isso já é o primeiro passo para iniciar uma jornada de superação. Algumas coisas em mim eu consegui melhorar; no entanto, preciso lutar contra outras questões diariamente. E é isso que me faz depender de Deus diariamente. Devemos lembrar que não conseguiremos mudar algumas situações, mas podemos transformar a forma como lidamos com elas. Ao chegar ao final de cada dia, devemos aprender a apreciar cada leão que matamos.

Nesse período, me lembrei de uma promessa que havia recebido no ano em que me mudei para a cidade na qual abrimos nossa empresa. Deus me disse: "Eu a trouxe para cá, mas será por um curto período. Depois, a levarei de volta". Eu já havia me esquecido dessas palavras, porque o tempo de Deus é muito diferente do nosso; então, só guardei a promessa e descansei no Senhor. Depois de três anos, voltávamos para a nossa cidade natal!

Conviver com o silêncio de Deus foi uma das lições mais preciosas que aprendi. Experimentar esse silêncio é viver em um lugar de aprendizado e profundidade. Queremos que Ele resolva rapidamente os nossos problemas, mas, se Deus o fizer no tempo que queremos, como vamos aprender as lições fundamentais para o nosso crescimento? Encontraremos as portas abertas que encontraríamos se tivéssemos esperado? Eu sei que esse tempo é angustiante. Por isso, é necessário aprender a olhar as possibilidades, além daquelas que o nosso coração quer ver, o que nos faz apreciar cada detalhe do caminho, bem como viver com a esperança e a fé de que nenhum dia é em vão no Senhor. Os resultados são importantes, mas olhar para o processo e nos perguntar o que podemos fazer de melhor a cada dia nos ajuda a fazer o que realmente é útil, em vez de cultivarmos só as preocupações

Condicionamos a nossa felicidade à ausência de problemas, quando o que precisamos é aprender a lidar com eles. A luta traz sofrimentos, mas, se soubermos valorizar cada conquista e cada esforço, ela também nos proporcionará satisfação e crescimento pessoal, além de nos tirar da zona de conforto. Perdemos tanto tempo olhando para coisas externas, vivendo na correria, que deixamos de olhar para o nosso interior e de apreciar as nossas conquistas, de nos alegrar com aquilo que Deus colocou em nós. Precisamos lembrar que o que Jesus fez por nós na cruz não foi simples, para termos uma vida banal, sem significado, sem deixar um legado.

Hoje, minha maior felicidade é ver o quanto fui transformada. Aprendi a lidar com a insegurança e percebi que Deus tinha me dado o melhor temperamento para a missão que recebi. Ele me mostrou como eu era capaz de enfrentar as lutas com coragem e resiliência, fazendo com que enxergasse o meu potencial. Aprendi que é impossível andar com Deus sem confiar Nele.

Confiar em Deus é aprender a depender Dele. Enquanto confiarmos, poderemos crer nas suas provisões e nos manteremos firmes diante dos desafios. Deus sabe do nosso potencial e deseja nos habilitar a viver o Seu extraordinário.

Atualmente, trabalho com grupos de mulheres. Juntas, encontramos forças e compartilhamos experiências – o que é transformador! Portanto, gostaria de convocá-la a reservar um tempo, reavaliar seu percurso, olhar para dentro de você e se perguntar: qual é o meu propósito? O que eu deixaria de especial se morresse hoje? O que tem me impedido de viver o meu propósito? Por que sempre acho que não sou tão boa assim? Por que sempre subestimo minhas capacidades? Depois, sente-se e comece a escrever: responda a essas perguntas, construa metas e esteja disposta a abraçar a vida e as oportunidades abertas a você. Comece a se incomodar com o que a deixa sempre no mesmo lugar. Aceite desafios, busque melhorar e não fuja dos processos. Se você tem algo que, sozinha, não está conseguindo transformar, procure ajuda! Descobrir nosso potencial é uma tarefa desafiadora e urgente!

"Descobri que as nossas dificuldades e limitações nos levam para o centro da vontade de Deus."

Lívia Lacerda

Lorene Batan

Sou Lorene de Lima Batan Rigo, casada com Lucas Lerin. Atuo há 6 anos como psicanalista e consteladora familiar e venho de muitas formações em psicoterapias sistêmicas. Além disso, sou pós-graduanda em Neurociências e Comportamento.

Acumulei mais de 5 mil horas de atendimentos individuais e em grupo, conduzindo centenas de mulheres em todo o Brasil e em mais de 7 países e 3 continentes com minha metodologia terapêutica.

Meu propósito me encontrou quando cansei de procurá-lo. Fui curar a salvadora-fortona que se doava demais por carência, escondida na armadura de mulher guerreira que não aceitava ajuda de ninguém – em especial, a dos homens.

Foi por meio dessa jornada de cura que me conectei com a minha essência. Hoje, guio mulheres a voltarem para casa: sua alma feminina.

lorenebatan

+ 55 (11) 99189-5985

https://lorenebatan.com.br/amor-sistemico

programaamorsistemico@gmail.com

19 A VERDADEIRA ESSÊNCIA DO PODER FEMININO

POR LORENE BATAN

Naquele dia ensolarado, você olha para o seu peito e vê as medalhas reluzentes de suas conquistas. Enfim, o momento tão sonhado de assumir o primeiro lugar no pódio da vitória chegou. Mas, lá no fundo, você sente que há algo errado: uma angústia, um choro entalado e um vazio não preenchido pelas medalhas no peito e palmas de estranhos. A dor profunda, a solidão e o salto agulha de bico fino que aperta seus dedos geram uma raiva muito forte. Exausta, uma voz interna ecoa: o preço foi alto demais! Eu conheço essa voz, pois passei por isso há 8 anos e afirmo: muitas mulheres estão acessando um novo nível de consciência. Uma consciência que sabe, de forma intuitiva, que viver seguindo um modelo de performance e competição, medindo forças de igual para igual com os homens em todas as áreas da vida, não está nos favorecendo; na verdade, isso está matando nossa essência.

Neste capítulo, quero convidá-la a mergulhar nessa nova consciência: um lugar talvez esquecido e muito profundo, que é o seu feminino, e a força que revela o real empoderamento da mulher. Muitas de nós, se não todas, em determinada fase da vida, buscam uma forma rígida para validar sua identidade. Não há musculatura emocional para suportar acessar um poder sem formas. Por isso, emprestamos valores a ritos, títulos e *status* e, assim, nos perdemos de nós mesmas.

Mas como acessar o real poder de ser mulher? Você já chegou a um lugar em que as pessoas mudaram seu comportamento somente pela sua presença? Já profetizou algo que se realizou? Pensou em alguém e teve notícias quase instantâneas dessa pessoa? Sente que nesta vida já viveu várias outras? O dom da mulher está em **transmutar** realidades. Temos o poder natural de gerar vida em nosso ventre. Mas os homens, com o seu feminino, também têm o poder de gerar realidades por meio de seu olhar visionário. Isso significa **transformar** sonhos em algo concreto – um poder que homens e mulheres conseguem lindamente manifestar.

No entanto, o real poder da mulher está em transmutar realidades. Existe uma diferença: transformar significa mudar a forma de algo e transmutar significa mudar a essência. E por que transmutar é uma particularidade da mulher? Porque tal ação envolve o nosso útero, um motor que só existe em um corpo feminino e que tem qualidades metafísicas. Ele é um portal entre mundos, o emocional e o espiritual, que se encontram através de um mundo físico. Vou dividir esse motor em três mecanismos: engrenagem emocional, física e espiritual, nesta ordem. O real poder de uma mulher de transmutar realidades se manifestará quando ela aprender a usar muito bem pelo menos duas dessas engrenagens.

A engrenagem emocional está relacionada à nossa capacidade de sentir e lidar com nossas emoções, que são cíclicas. O bom funcionamento do sentir nos faz viver repetidas vezes o ciclo 'vida-morte-vida'. É através da consciência de não se anestesiar do sentir que acessamos a nossa força, por meio do olhar 'dentro-fora-dentro'. Esse movimento é contínuo e é o que nos faz acumular força e potência para transmutar realidades.

A engrenagem física nos ajuda a viver esse ciclo 'vida-morte-vida' de maneira consciente, por meio da menstruação. Ao fazer as pazes com o nosso sangrar, temos a habilidade de transmutar realidades por meio dos corpos sutis. Nosso corpo deixará de sangrar, mas continuaremos a trabalhar no máximo de nossa potência com as outras duas engrenagens. E é aqui que muitas mulheres se perdem do seu real poder e magnetismo. Quanto menos eu me recolho e aceito meu corpo que sangra, menos força manifesto externamente. Esse recolher é o momento de acessar o lado de dentro, a pérola que mora nas nossas profundezas, o contato com a sabedoria ancestral e espiritual. Quanto menor o contato que tivermos com essa pérola de dentro, menos brilho e valor portaremos aqui fora.

Se a mulher passa bastante tempo em contato com a pérola, quando ela vem para o externo, magnetiza aqueles que estão fora, os quais se sentem atraídos por esse universo interno, misterioso e sábio. Vou dar um exemplo do dia a dia, voltado para o relacionamento amoroso: é um trabalho que faço com minhas mentoradas sobre o processo de transmutar realidades, de trazer algo para dentro e depois manifestá-lo externamente, como uma maneira de atrair para si. Mulheres sem a força motriz do seu útero se tornam penetrativas, e sua forma de seduzir é para fora, pelo poder sexual. Elas emprestam valor à estética do seu corpo, ao prestígio dos seus títulos e à sua performance de sedução. A mulher com o feminino muito ferido apela de forma vulgar; e, quanto menor seu valor interno, mais ela se expõe.

A intenção inconsciente aqui é a de capturar um homem, e não a de convidá-lo a desbravar seus mistérios internos. Um homem que está em busca de provar sua potência caçadora entra no jogo para medir forças na dança do acasalamento. Mas, após conseguir isso, logo ele se afasta. A conexão é superficial e momentânea, pois só acessou a engrenagem física, o que machuca ainda mais a nossa alma feminina, que anseia amar e ser amada. A mulher conectada com a sua pérola interna tem uma aproximação mais lenta e menos avassaladora, mas tende a se relacionar com intimidade profunda e duradoura. Isso ocorre porque ela não tem medo de permitir ser penetrada e deixar esse homem conduzir e acessar seus mistérios. Ela não teme a intimidade, porque sabe transitar no seu mundo físico e emocional.

A mulher que domina essas duas engrenagens leva para seu mundo interno o entorno, transmutando essa realidade no seu motor-útero. Ela sangra o ciclo 'vida-morte-vida' para manifestar algo novo nas suas relações. Dessa forma, se torna essencial ao ambiente em que vive. Uma mulher assim não acessa o poder real do feminino sozinha: o ideal é que tenha outras mulheres para ensiná-la como essas engrenagens funcionam. E aqui entram a força da ancestralidade, o acesso à fonte do feminino: nossa mãe e o contato com nossas raízes: nossas *abuelas*.

Quantas mulheres programadas para serem fortes passaram pelo rito da menarca sozinhas? Não confiaram em contar para suas mães, que estavam também lutando suas batalhas. Ou, se contaram, não foram ensinadas a lidar com o turbilhão emocional e o arcabouço ancestral que revelam a força de uma linhagem feminina. É por meio desse sangrar físico que herdamos a sabedoria que prepara a jovem mulher para lidar com sua engrenagem emocional e bancar o seu sentir. Uma mulher não fortalecida no seu sentir, quando há inseguranças em seu relacionamento, desconfia que está sendo traída ou questiona os sentimentos do parceiro. Calada, permanece na relação sem assumir a verdade que sente. Ela não foi ensinada a se mover pela engrenagem do sentir e experimenta a angústia, tentando encontrar uma prova externamente, algo que comprove o que sabe em sua alma. Mas, como não foi ensinada a confiar no que sente, apenas a sentir o drama de uma criança ferida, fica refém de comprovações externas, delegando seu poder ao outro. Isso mostra uma mulher forte por fora, com sua espada na mão e suas medalhas no peito, mas fraca por dentro, com seu feminino imaturo e ferido.

Eu fui essa mulher com um feminino nada saudável. E, por não ter minhas anciãs para me ensinarem ou por uma cegueira que me "proibiu" de tomar da fonte de amor – cujo portal se chama mãe –, tive que aprender a duras penas com relacionamentos amorosos e profissionais que dilaceraram minhas feridas. Essas experiências foram degraus para que eu aprendesse a lidar com o meu sentir e transmutar realidades. Depois desses mergulhos compulsórios buscando minha essência, tomei posse do meu propósito em servir a vida e conheci meu marido.

Quando uma mulher domina a sabedoria de sentir e expressar suas emoções, ela se torna naturalmente magnética. E, quando um homem vê uma mulher assim confiante, ele deseja mergulhar no mundo feminino através dela. Em essência, o homem está buscando a presença do feminino e escolhe a mulher que parece ser mais capaz de lhe proporcionar acesso a essa profundidade. Tal mudança leva tempo, pois precisamos encarar a realidade e permitir a transmutação interna de nossa essência. A magia de um amor recíproco acontece quando vemos a resposta do homem a essa mulher. Em geral, eles são rápidos em responder à realidade externa. Seu mundo interno é menos profundo que o da mulher. Quando ela se centra no seu interno, traz a relação para o ponto em que a transmutação é possível. A mulher aprende a transmutar a partir do que sente acessa seu real poder feminino. E, conforme amadurece, mais isso se reflete nas suas relações, que prosperam.

Portanto, uma mulher que aprendeu a usar seu motor-útero pela engrenagem física do sangrar transmuta a herança ancestral, uma porção significativa da essência feminina. A engrenagem emocional transmuta os padrões do relacionamento. Quanto mais ela se aprofunda no ciclo 'dentro-fora-dentro', mais relações são curadas, até o ponto em que essa mulher se torna uma curadora. Todos os que se relacionam com ela são curados por seu amor, pois dentro dela não existe mais vazio. Ela não mais precisa espelhar sombras alheias, pois aprendeu a acessar seu reflexo nas águas da sua essência. Nesse momento, a engrenagem espiritual pode ser aprendida. É a mulher que transmuta aquilo que ainda não existe a olhos nus. Ao acessar essa força, novos caminhos no destino podem ser trilhados – caminhos que não mais têm a ver com o eu, tu e ele, mas com o todo: onde todos somos um. Porém, esse será assunto para um outro capítulo.

Desejo que esse mergulho tenha feito você se despedir das medalhas no peito e tomar posse da verdadeira essência do poder feminino.

"Ela não mais precisa espelhar sombras alheias, pois aprendeu a acessar seu reflexo nas águas da sua essência."

Lorene Batan

Luana Dantas

Meu nome é Luana Elisa Dantas Gomes, tenho 28 anos, sou filha de Leda Dantas e Antônio Gomes e nasci em Natal (RN). Feliz por natureza, sou apaixonada pela vida. A cada dia, estou mais convicta do meu real valor como mulher, após ter resgatado a minha essência.

Sou bacharel em Ciência e Tecnologia e engenheira de produção formada pela Ufersa (RN).

dantasluana_

Luana Dantas

luana.edantas@gmail.com

20 O RESGATE DA MINHA REAL IDENTIDADE

POR LUANA DANTAS

Começar a escrever um capítulo a respeito do resgate da minha real identidade me faz refletir sobre como a vontade de escrever sobre esse resgate despertou.

Ao passar no vestibular, em 2015, fui morar longe da minha família, no interior do Rio Grande do Norte. A partir de então, um novo mundo eu comecei a conhecer. Experimentei uma vida adulta e independente, na qual tive vivências e desafios que me fizeram desfrutar de coisas que eram distantes da minha antiga realidade, quando morava com a minha mãe.

Diante disso, tive experiências positivas, além de situações difíceis que me fizeram refletir sobre a forma como eu estava levando a minha vida. Essa era realmente a Luana Elisa Dantas Gomes, a mulher que Deus criou para viver uma vida abundante aqui na Terra? Mesmo pensativa quanto a isso, eu continuava agindo da mesma forma, pois não tinha forças para sair do lugar. A responsabilidade era totalmente minha por ser influenciada pelo ambiente à minha volta e eu precisava de ajuda, porém não tinha forças para pedir socorro.

O primeiro passo que me fez começar a ter responsabilidade foi me envolver, na universidade, com atividades e projetos que me possibilitaram ter uma visão de futuro. E eu, de fato, necessitava dessa responsabilidade para desempenhar um papel de liderança, pois as pessoas precisavam conhecer a Luana responsável e com habilidades para gerenciar suas tarefas. A partir disso, algumas fichas começaram a cair. Eu estava sendo levada para um ambiente em que as pessoas buscavam se desenvolver e encontrar seu propósito; consequentemente, minha história começou a mudar.

Ao ser conduzida para uma nova fase da minha vida, Deus foi me guiando para perto dele, e minha relação familiar começou a melhorar. Até que, em 2019, participei de um treinamento sobre inteligência emocional, e, pela primeira vez, tive consciência da vida que estava levando. Então, eu dei um giro de 180 graus e percebi que todas as áreas da minha vida precisavam mudar, desde a emocional até a espiritual. Porém, mesmo absorvendo e mudando em muitos aspectos, abandonei o barco após alguns meses, por ter voltado para o mesmo ambiente. É como se, ao lutar contra a correnteza, eu me cansasse e voltasse para o lugar de onde eu queria tanto sair. Mas eu sabia que, no fundo, os planos de Deus eram maiores que os meus. A semente já estava sendo plantada no meu coração.

Assim, uma das principais mudanças que começaram a acontecer, mesmo eu voltando para o lugar de onde eu gostaria de sair, foi o entendimento acerca da liberação do perdão a diversas pessoas em minha vida. Dessa forma, três passos me desprenderam da Luana sem perspectivas, sem uma identidade como mulher, descomprometida com tudo o que Deus havia planejado para mim, e fizeram com que eu me tornasse uma mulher com propósito e pronta para viver as promessas dele.

O perdão foi o primeiro passo fundamental para que o resgate de uma Luana que estava adormecida tivesse início. Essa era uma real identidade que eu precisava alcançar. A partir disso, a minha vida começou a fluir de uma forma que não era possível parar. O entendimento sobre o perdão não estava associado a validar o que as pessoas tinham feito contra mim. Era eu quem precisava perdoá-las para que eu pudesse seguir em paz. Ao entender que eu era a única responsável pela vida que eu estava levando, bem como pela liberação do perdão, uma luz surgiu na minha mente. E, desde então, eu soube: aquela Luana que estava se conectando com pessoas erradas, vivendo uma vida de rancor e se sentindo dona da razão, não tinha mais espaço. O resgate da minha identidade era real; eu já começava a ver novos traços na minha personalidade.

As primeiras pessoas para quem eu precisei pedir perdão foram a minha mãe, o meu pai e os meus irmãos. Fui tocada de forma a necessitar tirar todo o orgulho do meu coração e colocar o chinelo da humildade. No fundo, eu sabia: a semente tinha sido plantada, eu a estava regando para poder colher seus frutos. Em especial, ao pedir perdão para o meu pai – que passou uma vida inteira distante de mim –, eu entendi, acima de qualquer coisa, que eu também tinha falhado como filha. Deus fez com que eu abrisse meus olhos para o que Ele queria fazer através de mim. No ato do perdão, eu consegui entender que meu pai também foi vítima de outras vítimas, e o que minha mãe absorveu da relação a dois também tinha raízes do passado dela relacionadas a traumas. Dessa forma, ter perdoado o meu pai aqui, em vida, me fez ter Deus mais perto, além de me permitir entender todo o cuidado que Ele tinha comigo. Deus é aquele que nunca abandona, mesmo quando nós não merecemos. E Ele fez com que a minha real identidade tivesse um novo significado, pois a minha vida estava sendo transformada a partir de decisões importantes que eu estava tomando.

O segundo passo nesse resgate da minha real identidade foi o princípio da honra, que se deu após o perdão a todos aqueles de quem, em algum momento, eu guardei rancor. Em 2021, depois de ter colocado Deus como piloto da minha vida e haver resgatado a imagem do meu pai aqui na Terra –ao lado do meu Pai Celestial –, comecei a experimentar uma vida com princípios inegociáveis. Um deles foi o de honrar pai e mãe.

O momento mais desafiador da minha história aconteceu quando minha mãe foi diagnosticada com câncer. Ao saber dessa notícia, todos os meus esforços e toda a minha honra foram colocados em questão. Eu sabia que devia retribuir tudo o que ela fez por mim em vida; e assim aconteceu.

Logo, fui tratada em diversas áreas da minha vida; a nova Luana Elisa Dantas Gomes estava ciente da responsabilidade que tinha surgido. Um processo que já estava acontecendo e me transformando por inteira foi ainda mais acelerado. Eu precisava ser forte para dar todo o suporte à minha mãe. Além disso, passei a ter toda a responsabilidade relacionada à sua casa. E, mais uma vez, eu percebi o cuidado de Deus ao me colocar nos seus braços e zelar pela minha vida. Isso acontecia tanto nos pequenos sinais, ao fazer uma oração e obter uma resposta, quanto em momentos desafiadores, em que consegui, mesmo com o emocional abalado, ter forças para seguir. Isso ocorreu pois, a todo tempo, eu tinha certeza de que os planos Dele eram maiores do que os meus. Decisões importantes, amadurecimento, vida sob princípios, o comprometimento incessante em dar o meu melhor: tudo isso já constituía a minha nova realidade e era parte da minha real identidade.

Nas minhas orações, eu pedia a Deus que me tirasse o medo, para que eu pudesse continuar avançando, e assim aconteceu. Naquela ocasião, na qual eu estava vivendo e honrando a vida da minha mãe, chegou o dia em que ela partiu para a glória. Assim que eu abri os olhos, vi o resgate que Deus fez com a minha vida. Ao viver o processo do luto, me deparei com muitas incertezas, mas o sentimento que predominava era o de dever cumprido, pois eu a honrei até o fim. Refleti, por alguns meses, sobre como foi bom ter perdoado e honrado a vida de uma mulher que me gerou no seu ventre. Como foi lindo ver o cuidado do Pai Celestial comigo, a partir do momento que eu abri meu coração para Ele.

Ao passar dos meses, o terceiro passo fundamental no resgate da minha real identidade já estava ocorrendo, em paralelo a tudo o que eu estava vivendo e vivo até hoje: a gratidão. Em toda a minha vida, não faltaram oportunidades e momentos em que eu pudesse sair e reclamar – seja da situação na qual eu me encontrava, seja do momento que eu vivia. Cheguei a questionar Deus por tudo, e até mesmo a duvidar da sua existência. Mas, com o tempo, eu aprendi que isso não adiantaria, pois uma folha seca não cai no chão se Ele não permitir.

Uma lembrança forte na minha memória foi o dia do velório da minha mãe. Quando eu voltei para casa de carro, estava bastante abalada emocionalmente, mas decidi colocar uma música e simplesmente agradecer a Deus por tudo o que Ele representava na minha vida. Durante aquele momento mais íntimo, eu agradeci o que vivi ao lado da mulher mais forte que conheci e que tenho como inspiração.

Dessa forma, o que eu tiro de aprendizado da minha história e levo sempre comigo é o poder que nós temos de tomar decisões enquanto estamos vivos. A partir do momento em que escolhemos seguir uma vida guiada por princípios, e essas decisões são tomadas, nós conseguimos elevar o nosso nível de maturidade enquanto seres humanos. Assim, trazemos à memória nossa real identidade e nos tornamos dispostos a viver as promessas que Deus nos prometeu e que vai cumprir. Como em Hebreus 10:23: "Retenhamos firmes a confissão da nossa esperança, porque fiel é o que prometeu."

Do mesmo modo como eu consegui passar por tantas coisas e hoje sigo sendo uma pessoa melhor a cada dia no meu processo, convido você a viver uma verdadeira transformação e anotar uma decisão que mudará a sua vida. Com lápis e papel, escreva o nome de uma pessoa a quem você deve pedir perdão, a fim de romper de uma vez com tudo o que a coloca para trás. Em seguida, nomeie uma pessoa que precisa honrar, mostrando em ações o quanto ela é fundamental para você. Por fim, você será grata por tudo o que a última pessoa que escolheu representa na sua vida.

"O entendimento sobre o perdão não valida o que as pessoas fizeram contra a minha vida, mas perdoá-las fez com que eu seguisse em paz."

Luana Dantas

Pra. Luana Moreira

Meu nome é Luana Moreira, sou pastora presidente da Igreja Caminho Vivo, em Orlando (EUA), ao lado do meu amado esposo, o pastor Wallison Moreira.

Sou mãe de três filhas lindas: Samara, Sarah e Alyssah, que são as flechas que Deus nos deu na Terra.

Estudo Psicologia Cristã, sou empresária e escritora. Nasci na Argentina, em Mar del Plata, e sou filha de Ariel Edgardo Arias (argentino) e Maria Salette Silvares Balbino (brasileira). Fui para o Brasil com 3 anos de idade, onde vivi até os meus 15 anos. Em seguida, me mudei para os Estados Unidos com minha família, onde vivo até hoje, servindo a Deus.

pra.luana.moreira
pr.wallison_moreira
igreja.caminho.vivo
Luana Arias Moreira
Wallison Moreira

21 NOSSA ESSÊNCIA VEM DE DEUS

POR PRA. LUANA MOREIRA

O que é essência? Se procurarmos no dicionário, veremos que seu significado é: "a mais importante característica de um ser; natureza essencial de uma pessoa". Assim, convido você a mergulhar no autoconhecimento e descobrir a sua verdadeira essência e seu propósito único em Deus.

Saiba que sem Deus não há origem. Ele nos criou e formou por um propósito único, depositando em cada um de nós sua maravilhosa essência! Existe um vazio dentro do homem que só pode ser preenchido por Deus. "Não erreis, meus amados irmãos. Toda boa dádiva e todo dom perfeito vêm do alto, descendo do Pai das luzes, em quem não há mudança, nem sombra de variação." (Tiago 17-16:1.)

Somente quando descobrimos nosso propósito em Deus e entendemos que nossa essência vem Dele conseguimos desfrutar das promessas do Senhor para a nossa vida. Em Gênesis 1:26, está escrito: "Então, disse Deus, façamos o homem à nossa imagem, conforme nossa semelhança".

Cara amiga, entenda que você tem origem: é filha amada do Deus Altíssimo. A sua existência na Terra não é um acaso, mas um desejo que nasceu do Pai. O que você busca está Nele; a nossa alegria vem Dele; e a paz que excede todo o entendimento somente Ele pode proporcionar, porque sem o Senhor nada conseguimos fazer! "Porque dele, e por ele, e para ele, são todas as coisas; glória, pois a ele eternamente. Amém!" (Romanos 11:36).

Não importa o que você viveu até hoje, os planos de Deus são os maiores e melhores para a sua vida. Jeremias 29:11 diz: "Porque Eu bem sei os pensamentos que tenho a vosso respeito, diz o Senhor, pensamentos de paz, e não de mal, para vos dar o fim que esperais".

O que você tem feito com o que está em suas mãos?

Conhecer a si mesma é primordial para desfrutar da plenitude de Deus. Apesar das guerras e das situações contrárias em nossas vidas, não podemos nos esquecer do mais importante que há em nós; por isso, não desperdice o que um dia foi depositado em você. Isso vem de Deus e serve para glória Dele!

Como está seu foco? Em Mateus 14:27-31, Pedro estava focado em Jesus, até que sentiu um vento forte que o fez ter medo. Certamente, esse motivo foi o suficiente para que ele perdesse o foco no que era mais importante, fazendo com que começasse a afundar. Muitos vão bem no começo, mas, quando surge um vento forte, olham para o mar agitado, em vez de olharem para Jesus, que sempre esteve com eles. Com a perda de foco, o medo entra; assim, logo se esquecem de sua origem, afundando em seus problemas.

"O medo é inimigo da fé, e sem fé é impossível agradar a Deus!" (Hebreus 11:6). Satanás não tem o poder de derrubar aquele que está focado em Jesus, porém, seremos uma presa fácil para o inimigo se nos desviarmos do nosso propósito.

Cada pessoa tem uma história, muitas vezes marcada por dores, feridas e cicatrizes. Mas nada disso determina o nosso destino. As circunstâncias não têm o poder de mudar quem somos. Lembre: a sua essência não pode ser mudada, mas, sim, esquecida por você mesma. O inimigo de nossas almas tenta diariamente nos enganar, confundindo nossas mentes, a fim de nos fazer esquecer da nossa verdadeira essência. Dessa forma, nos impede de desfrutar do nosso total potencial.

Quando o Senhor me chamou, eu era apenas uma menina de 19 anos, mãe solteira, sem nenhuma esperança no futuro. Era uma pessoa ferida, quebrada em mil pedaços. Lembro que, no nascimento de minha filha, a primeira coisa que vi foram aqueles olhos pretinhos – pareciam duas ameixas. Com ela em meus braços, pude entender o que era amor de verdade. O meu desejo era somente o de protegê-la.

Deus nos permite viver certas situações para nos impulsionar ao lugar do propósito! Ainda que não entendamos, ou que ninguém ao nosso redor entenda, por mais dolorido que seja todo o processo, não desista, pois é o Senhor quem guarda você! O propósito de Deus para nós é como um parto normal. Primeiro vêm as dores, mas assim que a criança nasce a dor cessa e tudo se transforma em alegria. Rapidamente nos esquecemos de todo o processo doloroso vivido e desfrutamos da benção alcançada.

Em busca de um futuro melhor, larguei tudo o que pudesse fazer mal à minha filha, incluindo o meu namorado da época e certas amizades. Resolvi correr atrás de algo que eu nunca pude desfrutar. Pensei: "Vou criar minha filha na igreja, para ela não precisar passar por tudo o que eu passei". Eu achava que já não existia mais chances para mim, pois havia errado demais na vida e estava muito velha para recomeçar. Como o inimigo nos engana! O que eu não sabia é que para Deus não existe idade. Enquanto há vida, há esperança!

Quando levei minha filha à igreja pela primeira vez, ela tinha apenas alguns meses. Queria que ela aprendesse bons ensinamentos e princípios bíblicos. Porém Deus, em seu infinito amor, tinha um plano muito maior, e a usou para me levar de volta à minha essência! Nesse dia, o pregador veio em minha direção, usado por Deus, e disse: "Vejo sua vida dando um giro de 180 graus. Amanhã, você não se lembrará mais de quem é hoje". Nesse momento eu só sabia chorar. Não entendia muita coisa, mas pude sentir algo diferente, um amor que não tem explicação. Senti o toque de Deus!

Não tem como ser tocado por esse Deus e continuar sendo o mesmo! Você já foi tocada por Deus? Peça a Ele para tocá-la. Certamente, sua vida nunca mais será a mesma! Satanás deseja que você acredite na mentira de que não há mais esperança para a sua vida. Não sei para quem você tem orado, mas persevere em buscar, pois em Deus sempre existirá esperança! "Se você crer, verá a Glória de Deus!" (João 11:40).

Como você deve ter observado, não vim de uma família muito estruturada, não fui ensinada a servir a Deus desde criança e meus pais não eram cristãos. Eles se separaram quando eu tinha apenas 9 anos, o que me causou muita dor na época. Meu pai, ateu, não gostava de igreja alguma, mas nada disso impediu o agir de Deus em minha vida.

Mesmo que as coisas saiam do seu controle, saiba que, na verdade, elas nunca saem do controle de Deus! Entendo que foi necessário que eu passasse por algumas adversidades para que hoje valorizasse tudo o que Deus me deu. Meu coração será infinitamente grato por Ele ter me tirado de onde me tirou. A gratidão rega as sementes da felicidade, gerando crescimento e nos levando para mais perto de Deus.

Eu tinha tudo para viver uma vida de derrotas pelo meu histórico familiar e pelas minhas próprias escolhas, também. A decisão de repreender as maldições de nossa vida está em nossas mãos! Somente você pode se levantar e decidir tomar um rumo diferente. Então, pare de se lamentar pelo seu passado e faça você mesma a diferença! Quem lamenta o passado não consegue desfrutar do presente e nem viver as promessas de um futuro. Nossa vida é feita de escolhas e renúncias.

Um dos principais segredos para ter uma vida completa em Deus é desapegar--se do passado. Quando carregamos antigas cargas desnecessárias, nos tornamos prisioneiros delas. Você já conheceu pessoas que não mudam com o passar dos anos? Tais pessoas não saem do lugar, estão completamente paralisadas. "*Irmãos, quanto a mim, não julgo que o haja alcançado; mas uma coisa faço, e é que, esquecendo-me das coisas que atrás ficam e avançando para as que estão diante de mim, prossigo para o alvo, pelo prêmio da soberana vocação de Deus em Cristo Jesus.*" (Filipenses 14-13:3).

De que você precisa se desapegar? De uma dor? De alguém que a decepcionou? De uma traição? De um abuso? De uma injustiça? Não sei o que prende você ao passado, mas peça ao Senhor para lhe mostrar tudo o que a tem paralisado ao longo dos anos, impedindo-a de ver sua essência e viver os sonhos que Ele tem para você. Quando você verdadeiramente conseguir se desapegar do seu passado, Deus transformará o seu futuro!

Quanto mais eu buscava Deus, mais Ele transformava a minha vida, diariamente. Deus se revelava a mim, curando minhas feridas e mostrando minha verdadeira essência. Certa vez, enquanto eu falava com o Senhor, Ele me prometeu uma família e descreveu exatamente como meu esposo seria —algo que é impossível, humanamente falando. Porém, após cinco anos, Ele cumpriu sua promessa, com seis meses de noivado e apenas três encontros! O que parecia loucura para muitos, para nós eram as promessas de Deus se cumprindo em nossas vidas.

Quando estamos na presença do Senhor, tudo acontece no tempo certo: nada chega atrasado ou adiantado. Se a promessa de Deus ainda não se cumpriu na sua vida, significa que Ele está trabalhando em você primeiro. Confie, pois Aquele que prometeu é fiel e justo ao cumprir, e será perfeito!

Meu marido e eu estamos casados há dez anos, e o Senhor nos abençoou com três lindas filhas: Samara, Sarah e Alyssah. Pastoreamos uma linda igreja em Orlando, na Flórida, e o Senhor continua cumprindo Suas promessas, nos surpreendendo a cada dia e operando maravilhas! Tudo o que sonhei o Senhor fez, e muito além! Os sonhos de Deus são sempre maiores que os nossos.

Abasteça sua fé e renove sua mente com a certeza de que não existe nada impossível para Deus. Não se esqueça de que você, mulher, foi chamada para impactar uma geração!

Se ao ler a minha história você notou que sua essência ficou esquecida em algum lugar de sua trajetória, a convido a recomeçar e regressar à sua origem. Não é vergonha alguma começar de novo. Pior é ficar estagnado em um lugar que tira você do propósito de Deus!

Ore comigo: "Senhor Jesus, traga à minha memória, neste momento, tudo o que me deixou paralisada e me mostre onde esqueci minha essência. Perdoa-me por ter deixado o medo entrar em meu coração, me impedindo de ver a Sua grandeza. Ajude-me a voltar às veredas antigas e me dê forças para caminhar rumo aos Seus propósitos para a minha vida. Que a Sua presença permaneça em mim hoje e sempre. Em nome de Jesus, Amém!".

“A sua identidade em Deus define quem você é na Terra.”

Pra. Luana Moreira

Pra. Maria Helena Fornoga

Olá! Eu me chamo Maria Helena Fornoga dos Santos, sou natural de Juiz de Fora (MG) e casada com o Ronaldo Carneiro dos Santos há 23 anos. Sou mãe de três bênçãos: Lucas, Ronaldo e Isaac. Pastoreio há 20 anos, ao lado do Pastor Ronaldo, que é presidente da Igreja Pentecostal Templo da Verdade (IPTV).

Atuo como mentora de mulheres e ministro dois cursos: "Libertação", que tem seis módulos, e "Curadas para Curar".

A minha trajetória, no início, não foi fácil, mas Deus não desistiu de mim. Passei por momentos tão conturbados a ponto de as pessoas não acreditarem mais em mim. Porém, Jesus me deu a oportunidade de fazer uma nova história. Acredite, pois você também poderá ter a sua.

pastoramariahelenafornoga

umamulherummilagre

+55 (32) 98899-6395

mariahelenafornoga@gmail.com

22 A BASE DE UMA TRANSFORMAÇÃO CONSTRUÍDA EM CRISTO

POR PRA. MARIA HELENA FORNOGA

Quando eu estava para completar 15 anos, conheci meu esposo, Ronaldo, e foi nesse período que entrei para o mundo das drogas. Conheci a maconha, a cocaína e o álcool e fui me afundando a ponto de largar os estudos. Aos 16 anos, fiquei grávida. Durante a gravidez, fiquei desesperada, e acabei mergulhando ainda mais nas drogas. Cheguei a romper meu namoro com Ronaldo, pois tínhamos muitas brigas. Vivíamos um cenário de violência; Jesus não fazia parte da nossa história.

Um dia, porém, ao lado da minha casa, estava acontecendo um culto de vigília. Então, ouvi uma voz dizendo para eu descer e entrar. Mesmo alucinada com o efeito da droga, consegui entrar na vigília. Quando Deus tem uma obra com você,, Ele tem o endereço certo. Assim, foi ao lado da minha casa que a graça me alcançou.

No culto de vigília, as pessoas passam a madrugada inteira orando e louvando a Deus. Eu não entendia o que estava fazendo ali, no meio de pessoas sãs, mas cheias de Deus. No entanto, pude sentir que era o lugar certo. No decorrer do culto, meu corpo arrepiava. Tive vontade de ir embora, até que o pastor me chamou para ir até a frente. Isso não foi fácil, pois minha vontade era de sair correndo. Mudar é difícil, requer atitude, principalmente em meio a pessoas que conhecem a sua trajetória. Mas nossas atitudes são frutos das nossas escolhas. Eu escolhi me levantar daquela cadeira e dar um passo à frente, pois não aguentava mais. O medo veio, mas não deixei que ele me aprisionasse, porque sentia que eu precisava mudar.

Todas as vezes que você está prestes a dar um importante passo na sua trajetória, virá um sentimento de incapacidade. Espíritos que faziam parte da sua vida tentam aprisioná-la, mas existe uma palavra: "Prossigo para o alvo, para o prêmio da soberana vocação de Deus em Cristo Jesus. Todos, pois, que somos maduros, tenhamos este modo de pensar; e, se em alguma coisa vocês pensam de modo diferente, também isto Deus revelará para vocês" (Filipenses 3:14-15). Então, prossiga: a primeira pessoa a tomar uma atitude tem que ser você. O meu cenário era inacreditável: estava grávida, drogada, mas não olhei para as circunstâncias ao meu redor, apenas decidi avançar. A melhor pessoa para acreditar em você é você mesma.

Após frequentar os cultos, resolvi me posicionar e orar pela libertação da minha família. Certo dia, cheguei em casa muito feliz ao voltar da igreja, pois Deus havia dito que eu e minha casa serviríamos ao Senhor. Eu precisava me consertar e me casar. Meu desafio começou nesse momento, pois o Ronaldo não queria se casar comigo. Ele não entendia o que eu havia recebido, mas eu tinha uma palavra liberada e acreditava que "A mulher sábia edifica a casa" (Provérbios 14). Eu aprendi que a sabedoria de uma mulher de Deus é forjada no joelho, na oração, porque a oração nos fortalece e Deus nos dá a estratégia para agir durante batalhas, pois a maior guerra ocorre dentro de casa.

Entre idas e vindas, com muita oração, me casei com Ronaldo. Mas, nesse processo, minha vitória parecia distante; quanto mais eu orava, mais ele usava drogas e bebia. Ronaldo sempre dizia que não se casaria comigo, que eu não era a pessoa ideal para isso. Mas eu sempre ouvia dentro de mim uma voz dizendo: "Não desista". As pessoas nunca vão se lembrar de como você começou, mas do seu final. Desistir não é o ponto-chave, continue acreditando, se esforçando e tendo a coragem de entender que grandes conquistas vêm por meio de grandes batalhas.

Houve dias em que eu ouvia: "O Ronaldo não tem jeito, você não vai ter futuro com ele". Mas a palavra de Deus dizia: "Seja forte e corajoso" (Josué 1:9), tenha bom ânimo, pois uma arma declarada pelas trevas é o desânimo, e este é o triunfo nas mãos de Satanás. Não pegue a oferta do desânimo, mas se anime. Mesmo que os problemas à Sua volta queiram dominá-la, você pode vencer. Basta ter uma mente posicionada em Cristo, pois nossa mente é um campo de batalhas, e essas batalhas são vencidas pelo exercício da fé. A Bíblia diz: "Ora, a fé é a certeza daquilo que esperamos e a prova das coisas que não vemos" (Hebreus 11:1).

Mesmo que a sua casa não esteja de pé ou da forma que você quer, continue acreditando que dias melhores virão. É só uma fase, vai passar. Faça o que me direcionou durante o processo: leia a Bíblia, cite para você mesma a palavra e se revista de jejum, pois há demônios que só saem com jejum e oração. "Mas esta casta de demônios não se expulsa senão pela oração e pelo jejum." (Mateus 17:21.) Tenha isso como base para a sua vida. Obedeça a tudo o que for direcionado a você por Deus. Eu decidi obedecer, mesmo não querendo. Vença os confrontos de pai, mãe, esposo, filhos e netos, pois, quando decidimos lutar por pessoas, temos que ter a ciência e a maturidade de que elas vão nos enfrentar com uma força maior. E tais forças não são delas, são espirituais, porque sua família não é o seu inimigo. Peça a Deus discernimento, pois durante o processo a guerra é constante. "Mas fiel é Deus, que nos guardará do maligno." (2 Tessalonicenses 3:3-5).

Quantas vezes meu esposo chegava em casa bêbado e drogado, e eu tinha que cuidar dele. Nunca desisti, pois eu sempre orava e acreditava que aquele cenário mudaria. Certa noite, estava em uma campanha na igreja que tinha sete elos. Ao falar para o meu esposo que iria ao culto, ele se levantou em fúria, mas eu já sabia que não era ele quem estava ali. Notei que havia sido tomado por um ser espiritual maligno. Porque a Bíblia diz: "O diabo, vosso adversário, anda em derredor, bramando como leão, buscando quem possa tragar". (1 Pedro 5:8.) Eu abaixei minha cabeça, peguei a Bíblia e fui ao culto, pois voto não se quebra. Chegando à igreja, ouvi uma palavra de que Deus estava colocando tudo no lugar. O culto foi uma benção. Saí de lá cheia de fé.

Quando cheguei em casa, estava tudo fora do lugar. Ao abrir a porta, meu esposo pegou nas minhas mãos e disse: "Falei para você que, se fosse ao culto hoje, eu iria embora de casa". Ele estava com as malas arrumadas, pronto para partir. Naquele momento, eu decidi olhar para o céu e começar a clamar. De repente, ele veio para cima de mim, gritando e dizendo: "Se não parar, eu passo por cima de você". Lembro que fechei meus olhos e não parei de clamar. E ele veio com uma tal fúria, mas uma glória invadiu meu quarto quando ele se aproximou para me dar um soco. Ronaldo caiu no chão, a ponto de essa glória ser sentida a três quarteirões da minha casa. Tenho testemunha de que até a minha vizinha a sentiu. Quando se levantou, ele disse: "Eu não via você, eu via um brilho. A partir de hoje, eu vou servir a esse Deus ao seu lado". Então, Ronaldo se levantou bem e sóbrio e afirmou, chorando: "Eu não sei o que aconteceu comigo, mas quero lhe pedir perdão. O que eu estou sentindo é sobrenatural". Após esse episódio, nós nos casamos. Logo em seguida, fomos batizados para a honra e glória do nome do Senhor, pois a Bíblia diz: "Deus não é homem, para que minta; nem filho do homem, para que se arrependa; porventura diria ele e não o faria? Ou falaria, e não o confirmaria?" (Números 23:19).

Eu acreditei na promessa. Fomos ungidos como pastores juntos. Há 20 anos ,estamos nessa caminhada guiada por Deus. Atualmente, pastoreamos a Igreja Pentecostal Templo da Verdade, que foi fundada há 17 anos. Deus nos deu três filhos abençoados. Lucas, que não veio de um berço evangélico, foi quem vivenciou os nossos momentos de crises e discussões. Hoje, ele tem 26 anos, é graduado em Fisioterapia e está cursando sua pós-graduação. É líder do ministério de louvor da igreja onde nós pastoreamos. Ronaldo tem 16 anos, está cursando o Ensino Médio e trabalha na mídia e no audiovisual da igreja. E temos o Isaac, de 9 anos. Juntos, entendemos que "Um homem sozinho pode ser vencido, mas dois conseguem se defender. Um cordão de três dobras não se rompe com facilidade" (Eclesiastes 4:12).

A família não é uma instituição falida, é um projeto de Deus. Basta levarmos Cristo para casa e convidá-lo para abrir a porta do coração: "Eis que estou à porta e bato. Se alguém ouvir a minha voz e abrir a porta, entrarei e cearei com ele, e ele comigo". (Apocalipse 3:20). Creia nisso, nada fará Deus amá-la menos. Então, invista na sua família. Deus prometeu prover a força, a energia e o poder de que você precisa para prosseguir. Tenha foco e objetivo, pois disse o profeta Isaías: "Seca-se a erva e cai a flor, porém a palavra de nosso Deus subsiste eternamente" (Isaías 40:8).

Hoje posso dizer que: "Eu e a minha casa serviremos ao Senhor." Estamos colhendo frutos de uma decisão que mudou a minha história. O nosso ministério tem se estendido, temos ganhado almas para o reino de Deus; por meio do nosso testemunho, famílias estão sendo transformadas.

Este ano, aconteceu algo que era distante para os nossos olhos, um sonho, com o qual Deus nos abençoou: tivemos a oportunidade de viajar para Israel. Naquela região, vivi várias experiências impactantes com Deus. Muitos acham que esta é apenas de uma viagem a passeio, mas não: é propósito. Àquele lugar só vai quem Deus leva para viver o sobrenatural. Vocês não têm noção de como foi visitar cada lugar por onde Jesus Cristo passou. A presença de Deus ali é inexplicável. Voltamos da Terra Santa renovados, restaurados, com uma nova unção. Temos impactado vidas. Quando você acredita e sabe o que ouviu não há limites para quem quer viver a promessa. Então viva, sonhe; a sua casa tem jeito, a sua família tem jeito. Comece por você, hoje. A sua vida é feita de escolhas. Profetize sobre a sua família, porque eu tenho certeza de que os seus sonhos, conforme a vontade de Deus, se concretizarão.

Um dia, orando, Deus me deu uma frase: "Quando você decide, o céu decide. Notícia ruim não anula propósito." Então, decida. Hoje, eu estou aqui contando para você que uma decisão muda uma história.

"Quando você decide, o céu decide."

Pra. Maria Helena Fornoga

Marilda Soares

Meu nome é Marilda Soares Silva. Sou pastora, psicóloga e professora. Casada há 31 anos com Romário Jorge, tenho três filhos: Rodrigo, André e Pedro. Nasci e moro em Montes Claros (MG).

Sou fundadora da Igreja Cristã Graça e Paz, que tem sido instrumento de bençãos em nossa região e ao redor do mundo. Sou também CEO do instituto Star-Ti, da marca Identidade Real, e criadora do método Star, ferramenta de diagnóstico e tratamento psicoterapêutico. Além disso, trabalho como mentora de pessoas e carreiras.

Minha história foi construída com base em muitas superações e inúmeros desafios vencidos, que se transformaram em experiências e aprendizados. Essa vivência deixou como legado a sabedoria, que agora serve como exemplo para tantas outras pessoas se desenvolverem também.

marildasoaresilva

institutostarti

23 A ESSÊNCIA É SIMPLES

POR MARILDA SOARES SILVA

A vida plena que Jesus promete a nós deve ser uma verdade em minha narrativa, para que a promessa não se torne uma mentira. Resgatar a essência, a autenticidade e viver bem, além de honrar o nome de Deus, é uma forma de evangelizar pelo exemplo, pela conduta. A mulher foi formada com uma essência própria e fidedigna, como a do próprio Deus: com o dom de criar e esperar, esperançar e amar, de acolher e aconselhar.

Contudo, diferentemente da benignidade e permanência intacta do Criador, nós nos perdemos algumas vezes durante o percurso; por isso, precisamos de ajuda para resgatar a nossa essência e retomar a felicidade de ser quem se é. Muitas vezes, nos fragmentamos, assumimos funções, e até desempenhamos papéis, para agradar os outros (ou, simplesmente, para não desagradar). Esses fragmentos nos distanciam da nossa essência, nos fazendo buscar e não encontrar. Você já se perguntou por que isso acontece? Em nossa jornada, buscamos intensa e incessantemente o nosso propósito, nos inquietamos com o desejo de deslumbrar nosso destino. Queremos, de fato, saber qual é a nossa identidade real, quem somos nós. Então, nos deparamos com inúmeros desafios. Alguns deles nos pegam de surpresa e nos forçam a viver uma realidade que nos faz duvidar de nossas convicções. Assim, esses desafios acabam nos limitando para reconhecer e resgatar a nossa própria essência.

A essência é o que temos de mais básico, importante e real. É a nossa principal e mais central característica, é o nosso fundamento. Esses elementos típicos do nosso ser, muitas vezes, são sucateados por tais adversidades na jornada.

Por exemplo, lidar com o luto pela morte de alguém que você ama, um divórcio, um adoecimento ou a perda de um importante projeto, dentre outros acontecimentos semelhantes. Dificuldades como essas fragmentam o ser e tentam roubar a tão sonhada felicidade. Em meio às turbulentas adversidades e à falta de amorosidade conosco, nosso corpo sinaliza que alguma coisa não vai bem, porque negligenciamos o grito da alma.

Nós, mulheres, de um modo geral, tendemos a suportar, no amplo sentido da palavra, as mais diversas situações. Toleramos os mais variados conflitos; ao mesmo tempo, damos suporte às pessoas à nossa volta. O problema, na maioria das vezes, é que, sem o estabelecimento de limites, negligenciamos o nosso eu, correndo o risco de perder a nossa essência, o nosso centro e a nossa estabilidade. Como consequência, obscurecemos a felicidade e confundimos ou perturbamos o nosso próprio sentido de vida. A questão é: não existe felicidade distante de nossa essência.

Portanto, pretendo abordar neste capítulo a necessidade do resgate da verdadeira essência. Só assim compreenderemos o real significado da vida, e, por fim, saberemos o que é a legítima felicidade. A felicidade é a consciência plenamente satisfeita, é um bem-estar e um contentamento permanente. E, quando desgastamos a nossa essência, podemos nutrir esse estado da consciência da nossa identidade real, ou seja: quem realmente somos. Só podemos ser felizes com a identidade real. Dito isso, eu lhe pergunto: você sabe dizer quem é? E quem está sendo? Você é feliz? É de extrema importância, e uma necessidade, saber responder a essas perguntas. Quando claras e tranquilamente respondidas, elas nos fortalecem. Essas respostas servirão de abrigo para nos resguardar e, também, como fundamentos para não desabarmos.

Sou psicóloga, pastora, esposa, mãe, professora de terapeutas e, sobretudo, uma alma feminina. Eu sei que este livro falará muito ao seu coração e tocará a sua alma. E este capítulo pretende resgatar a essência de algumas mulheres que estão vivendo desafios e dificuldades. O que quero transmitir é que não há nada melhor do que uma manhã ensolarada, que traz um porvir cheio de esperança. O modo como os raios tocam e invadem as frestas das janelas e portas, revelando aconchego e calor após uma noite fria de insônia... Tudo passa! Vamos, tenha coragem! Você não é o que sua atual situação lhe apresenta. Muitas vezes, acabamos nos definindo com base no que vivemos.

Mas é uma fase. Você não é definida pelo seu problema. É bem possível que você possa até ter duvidado de Deus, do amor Dele, da Sua bondade, misericórdia e graça. No entanto, seus dramas e suas dores não O surpreendem, assim como suas habilidades e seus dons também não O surpreendem. Nosso Senhor Deus não é mau em permitir que você passe por dores e sofrimentos. A verdade é que todos experimentam adversidades, lutas e dificuldades; porém, a qualquer momento, você pode retomar as rédeas de sua vida e resgatar sua essência, seu verdadeiro eu, pois foi como imagem e semelhança que Deus lhe fez, mulher. Quando digo "a qualquer momento," eu quero deixar claro que precisamos de tempo para conduzir bem a vida em todas as áreas. Inclusive, a fim de saber parar, chorar, descansar, dormir, sentir, lamentar, aquietar-se e voltar a sorrir, sentindo prazer em viver novamente. Você não precisa ser forte o tempo todo.

Certa vez, quando eu passava por um momento de sofrimento e luto pela perda de minha mãe, ouvi uma pessoa falar que, para se despedir de alguém mais facilmente, é necessário entender que, no momento em que aquela pessoa se foi, ela não deve mais nada a você, e você também não deve mais nada a ela. Está tudo certo. Então o luto, que é uma luta da alma, a maior despedida, será mais fácil.

Busquei respostas em Deus e Ele ministrou algo em meu coração que eu quero compartilhar com você. Imagine que, frequentemente, quando os seres humanos querem descansar, ter um momento de lazer ou de refrigério, eles buscam por água: seja nos rios, lagos, mares, nas cachoeiras etc. A água nos remete ao nosso primeiro lar: o útero da nossa mãe. Lá vivemos as nossas primeiras experiências, que estão registradas no nosso inconsciente. Água é emoção. Além disso, o nosso corpo é formado 70% por água. Fica claro, portanto, porque o som e o contato com a água nos permitem aquietar a alma. A mãe é o ninho.

O Salmo 139 diz que Ele nos formou no oculto, no interior do ventre da nossa mãe e escreveu os nossos dias: todos eles estão escritos e determinados. E

um desses dias foi determinado por Deus para você vir à Terra. Quando estava prestes a vir, alguém sinalizou sua chegada, e ela, sua mãe, deu à luz um bebê. Quero que você se lembre de que sua mãe lhe deu à luz e não às trevas! Você nasceu para ser luz, para iluminar e brilhar. Em nossos momentos de dor, solidão e escuridão, achamos que é o fim, que não iremos conseguir, que aquele tempo de escassez, insegurança e incerteza não vai terminar. Quero que você, ao ler este capítulo, encontre alento, aconchego e encorajamento. E saiba que toda ferida, quando cicatrizada, é uma missão em potencial. Por meio daquilo que você viveu e venceu, terá propriedade e autoridade para auxiliar pessoas. Elas vão se conectar com essa essência que com que você viveu e superou!
Tenho em minha jornada tantas experiências para contar e compartilhar que este capítulo será pequeno, mas o farei em breve. Por ora, saiba: quando você decidir viver uma vida de vitórias, o céu irá patrociná-la. Quando a alma está pronta, o presente chega. É preciso ouvir a voz de Deus e reconhecê-la. Samuel ouviu a voz de Deus e não a reconheceu; enquanto Eli não ouviu, mas entendeu que era Deus falando. Se Ele disser que não, o mundo inteiro pode dizer que sim, mas nada acontecerá; e se, porventura, acontecer, de nada valerá. Mas, se todos disserem "não" e Deus nos disser "sim", você pode confiar. Ouça e não seja contrário à voz Dele. Deus usará pessoas com chaves para direcioná-la.Sua conduta e o caminho que percorre são definidos por quem a acompanha. Atente.

Em Mateus 10:16, Jesus adverte para sermos simples como pombas e prudentes como serpentes. Haverá pessoas que tentarão desdenhar e menosprezar os seus sonhos e ridicularizar as suas dores. No mesmo círculo emocional, pessoas tentarão derrubá-la com críticas, enquanto outras a envenenarão com elogios. Mantenha-se intacta com a verdade de quem vive em Deus! Isso é tudo que você precisa fazer para se proteger.

A verdade e a humildade deverão ser aliadas na jornada. Há sempre uma próxima estação. Mas o nosso coração está disposto? A nossa alma está disponível para viver o novo, para escrever outros capítulos? Vamos tomar posse de uma verdade: tudo o que vem de Deus é bom, perfeito e formoso. A vontade de Deus é boa, agradável e perfeita. Porém, nos deparamos com as imperfeições em nossas percepções, como óculos por meio dos quais enxergamos a nossa própria versão das coisas. Nesse caso, a fé é fundamental, representando o ápice da inteligência. Ter fé é ver o que ainda não se materializou, mas que é real no reino espiritual, pois nele tudo está pronto. É o reino da verdade que só acessamos pela fé.

Em Marcos 11: 22, respondeu Jesus: "Tenham fé em Deus". Assim, convido você a ter fé em Deus. Não me refiro à fé em pessoas, coisas, lugares ou circunstâncias, mas em Deus! Só Ele pode realizar o impossível! Portanto, esteja cercada de pessoas espiritualizadas, que a inspiram, corrigem, te promovem. Observe bem a quem você está dando ouvidos. As melhores companhias são aquelas que a aproximam de Deus. Saiba e guarde no seu coração essa verdade: nada valida você como pessoa, a não ser a sua essência. Não é dinheiro e educação; conduta e postura, tampouco é a sua aparência

Esta leitura tem o objetivo de fazê-la lembrar-se de quem você é de verdade, de qual é a sua essência. E, assim, conduzi-la em sua jornada rumo à felicidade!

"Mulher,
independentemente da
estação, sua essência
não muda."

Marilda Soares

Milka da Costa

Meu nome é Milka da Costa. Sou goiana, casada com meu grande amor, Heber da Costa, e mãe de duas preciosidades: Benjamim e Lauren. Além disso, sou professora de musicalização e pastora. Amo passar tempo com minha família, meus amigos e viajar. Ensinar, explorar a criatividade e apreciar a arte são minhas maiores alegrias. Uma das caraterísticas da minha personalidade é acrescentar humor às coisas simples da vida.

Ao lado do meu esposo, estou há 19 anos no ministério pastoral servindo em missões transculturais, implantação de igreja e pastoreio local. Residimos na Filadélfia, nos EUA, desde 2012.

Em 2018, tornei-me idealizadora do projeto Seja Luz na Passarela, voltado para o público feminino, com o intuito de inspirar mulheres a viverem a virtude da modéstia bíblica com praticidade, leveza e muitas risadas nas redes socais.

milkadacosta

MilkadaCosta

milkadacosta

milkadacosta@hotmail.com

24 A ESSÊNCIA DE UM SIM PARA DEUS

POR MILKA DA COSTA

A questão sobre descobrir um propósito específico de Deus na minha vida veio quando eu tinha ainda 11 anos. Morava em Brasília e amava dedicar meus dias a Deus. Essa fase me marcou muito, pois, após uma pregação no culto de missões, fui ao altar aos prantos, entregando meu futuro e dizendo que queria ser uma missionária. Naquele momento tão sublime, fui batizada com o Espírito Santo e recebi uma palavra profética de que meus pés pisariam nos quatro cantos da Terra. Nunca me esqueci daquele dia e, a partir de então, vivi os próximos anos ansiando viver esse propósito.

Algo acendeu no meu coração quando, no ano 2000, meus pais decidiram passar uma temporada no exterior. Eu tinha 16 anos e imaginava que Deus faria algo relacionado à experiência que vivi ainda menina. Muitas coisas aconteceram desde que chegamos aos EUA, e uma delas foi conhecer meu esposo e nos casarmos, em 2003. Ele tinha o chamado pastoral, então comecei a relacionar que o campo missionário seria, talvez, algum lugar por no qual pastorearíamos, especialmente pelo fato de residirmos no exterior. Entendia que aquele já seria um desses campos.

Com menos de um ano de casados, recebemos o convite para sermos missionários na Bolívia. Não hesitamos em sair do conforto dos Estados Unidos para viver em um país subdesenvolvido, pois tínhamos a certeza de que foi para aquilo que tínhamos nascido. A experiência transcultural foi muito impactante durante os quatro anos em que ali residimos.

Em 2009, fomos implantar uma igreja no Brasil e tudo aquilo me remetia à sensação de que era isso que Deus tinha planejado para mim. Nesse período, tive meus dois filhos e tecia planos futuros de servir a Deus na minha nação e seguir cumprindo o compromisso que fiz no altar do Senhor, ainda menina; porém, em 2012, fomos impelidos pelo Espírito do Senhor a regressar aos EUA para exercer o ministério como pastores auxiliares. Foi um tempo difícil de aceitação em obedecer a esse comando vindo do Senhor, pois tínhamos importantes planos no Brasil. Assim, voltamos aos Estados Unidos em setembro de 2012. Antes de concluir o primeiro ano de adaptação cultural, vivi algo que mudou minha vida com relação ao propósito específico de Deus para mim, para sempre.

Estava em um evento de mulheres na igreja, e a preletora convidada se dirigiu a mim após a conclusão da pregação. Ela me convidou à frente e disse que Deus tinha algo para falar para mim. No começo, fiquei bem atenta, porém decidida a não manifestar nenhuma reação ao que estava sendo dito, até o momento em que ela falou algo muito particular sobre mim e Deus. Então, não resisti e me rendi. A pastora discorreu a respeito de fatos relacionados à minha realidade ministerial sobre louvor e ensino, até que me pediu para subir ao púlpito, e assim o fiz. Havia um espelho muito grande que fazia parte da decoração, pois o tema era "Espelho para o mundo". Enquanto estive ali aos prantos, ela disse que Deus me daria um projeto que envolveria mulheres, roupas e desfiles, e declarou: "Pessoas vão imitá-la. Assim como sua imagem está sendo refletida nesse espelho, mulheres a imitarão".

Confesso que não entendi a segunda parte do que ela dizia e, também, muito entristecida com Deus por expor coisas da minha vida que, naquela época, eu não me sentia confortável em falar. Sempre fui extrovertida e brincalhona, mas muito reservada na vida pessoal. Eu me senti invadida; por isso, saí daquele evento com um misto de sentimentos. Anotei tudo o que aconteceu em um caderno que me acompanha desde que me casei e me esqueci daquilo. Algum tempo passou e, em um dos meus devocionais, abri o caderno e comecei a folheá-lo (faço isso sempre). Vi o registro daquele culto das mulheres e comecei a orar a respeito disso, perguntando que projeto era aquele, pois ele diferia daquilo que já servia à igreja local. A resposta não veio de imediato. Durante dias de busca em oração, tive a impressão de sentir o Espírito falando ao meu coração: "Filha, quero que você ensine às mulheres sobre como se vestir. Há uma urgência em mulheres que sejam referência nessa área, a começar do púlpito". Pensei: "Isso não é para mim! Não vou fazer! Pode contar com outra pessoa, Deus. O meu chamado é o de cuidar de vidas, e não o de ensinar pessoas a se vestirem. Não sei nada sobre o assunto e não tenho interesse nesse tema. Não farei isso!".

Meu coração se fechou e simplesmente ignorei e silenciei esse assunto entre mim e Deus por um tempo. Enquanto isso, seguia firmemente servindo ao corpo de Cristo, como fazia. Na vida pessoal, comecei a abordar temas relacionados à maternidade no Facebook. Isso era algo que me dava prazer; havia tantos aprendizados a respeito desse tema, e eu amava compartilhar dicas e experiências sobre o assunto. Até que um dia comecei a fazer isso em outra rede: o Instagram. Na época, achava interessante o fato de fazer vídeos (os chamados *stories*) com a duração de 24 horas, e depois aquilo desaparecer. Assim, por quase um ano, compartilhei ali minha rotina de mãe, enfatizando princípios bíblicos, como ensinar sobre devocionais aos filhos.

Em 2017, eu passava por um desses tempos de oração no meu secreto, quando ouvi: "Dei a você uma missão para falar sobre vestimenta às mulheres e você está fazendo outra coisa". Ali, uma guerra foi travada, uma luta interior tremenda começou. As desculpas eram gigantes diante de um tema desafiador: sentia vergonha, medo da rejeição, inadequação e incapacidade, dentre tantos outros sentimentos (e até me emociono toda vez em que penso nisso). Diante de tanta relutância e procrastinação, eu disse que iria pensar sobre isso, e assim o fiz. Quanto mais eu lia a respeito, mais eu dizia: "Esse tema, não!"; porém, mais Deus bradava!

No final daquele mesmo ano, falei para Deus que Ele poderia contar comigo e que, em 2018, começaria o projeto. Janeiro chegou e lá estava eu, cheia de argumentos de que seria melhor Deus confiar essa missão a outra pessoa. O meu tempo no secreto era de muito confronto com o Espírito Santo, até finalmente eu dizer: "Chega! Eu vou! Não sei por onde começar, mas vou. Depois do Dia Internacional da Mulher, abordarei esse tema nos meus *stories*".

Dessa vez, cumpri o prometido com afinco. No dia 9 de março, lá estava eu, introduzindo um tema que eu não tinha noção de como repercutiria. Segui algumas instruções dadas pelo Senhor; na época, elas não faziam o menor sentido, mas hoje têm tudo a ver. Como é bom obedecer, mesmo sem entender! Durante todo o restante do mês de março, diariamente, eu ensinava sobre o tema. Tive um *feedback* bastante positivo, porém ainda não estava pronta para lidar com as retaliações que vieram de onde eu menos esperava. Depois de algumas semanas, desisti, ao refletir sobre todas as dificuldades que teria pela frente – especialmente na área digital, por não ter o conhecimento adequado sobre isso. Então, aproveitei as férias em família no mês de julho e simplesmente parei. Não tinha ideia de que nesse meu "parar" Deus já tinha uma maneira estratégica de me alcançar, pois vivi algo marcante sobre as minhas raízes no Brasil. Pela primeira vez, visitei o estado onde o meu pai nasceu, a Paraíba. Ali o Senhor ministrou fortemente, porque Ele tinha me feito uma mulher que ama comédia e humor e isso fazia parte do seu propósito específico comigo. Esse marco do Senhor veio para me encorajar e reposicionar. Em um momento particular com Deus, prostrada no meu quarto, eu disse mais uma vez "sim" e que verdadeiramente não voltaria mais atrás até um novo comando de "missão concluída".

Desse modo, iniciei um novo capítulo da minha história. Comecei a ler todos os artigos possíveis sobre o assunto, me inscrevi em aulas gratuitas sobre redes sociais, para entender como elas funcionavam e aprender a fazer as publicações. Fiz tudo o que estava ao meu alcance e, desde aquele dia, tenho me dedicado a seguir essa direção. Isso não significa que as oposições diminuíram. Pelo contrário, elas aumentaram, mas também vieram o conforto e a força diretamente do Pai, em meio a tanto choro durante o processo. As estratégias chegaram por meios que eu jamais imaginaria. Por exemplo, em 2020, durante a pandemia, comecei a cantarolar uma música infantil num voo. Na hora, nasceu a ideia de transformá-la em uma paródia com o tema de vestimenta. Desde então, já foram mais de 25 paródias de músicas cristãs com essa temática. Deu-se a união entre o meu conhecimento musical, minhas raízes de repentista, meu humor e meu dom de ensinar.

Hoje, posso dizer que milhares de mulheres foram encorajadas a aprender sobre a modéstia, uma virtude do Espírito Santo que alegra o coração do Pai.

O projeto Seja Luz na Passarela é uma realidade. Comecei a aprender sobre roupas e a "desfilar" *looks* para inspirar outras mulheres a prezarem pelo pudor e pela discrição. Quantos testemunhos ouço constantemente de mulheres que transformaram seu modo de pensar sobre o assunto ao entender como Deus se importa com isso.

Nesse processo de aceitar a missão de um projeto inédito, aprendi algumas lições que são chaves e que podem ajudá-la a iniciar algo que Deus está sugerindo a você.

1) Tenha a certeza de que você escutou a voz de Deus. Nos dias mais difíceis, lembre-se do que Ele falou. Esse será o seu principal fundamento.
2) Faça dessa ordem a sua missão. Foque na direção.
3) Seja fiel a cada etapa e use o que tiver em suas mãos. Não espere ter algo para começar.
4) Vença as críticas. Escute o que Deus disse, e não o que as pessoas estão dizendo.
5) Desfrute de portas que são acessadas somente por meio da obediência.

A menina que entregou no altar sua vida para missões entendeu que quem determina o campo é o dono da missão. Eu precisei deixar a essência do meu "sim" ao Senhor romper os desafios que não seriam maiores que a convicção de obedecer à voz que falou comigo.

Assim, eu lhe pergunto: Deus confiou algum projeto específico a você? Se sim, você tem sido fiel a essa missão? O que a tem impedido de seguir nessa direção? A minha história pode ter chegado a você para auxiliá-la a resgatar a essência da rendição e da entrega, de modo que, finalmente, você diga: "Sim! Eu irei".

"Uma mulher de essência é aquela que ouve e segue a missão que lhe foi dada por Deus."

Milka da Costa

Pra. Mirtes Sartell

Sou a pastora Mirtes Sartell. Nasci em Governador Valadares (MG) e moro nos Estados Unidos há 33 anos. Sou casada com meu amado Edward Sartell e tenho 2 filhos que amo profundamente: Daniel, de 26 anos, e Nicholas, de 21.

Nunca imaginei que a minha história mudaria. Sou o que eu sou hoje pela graça do nosso Senhor Jesus Cristo e pelas misericórdias do Senhor, que me alcançaram. Sou esposa, mãe, filha, amiga, irmã e serva porque Ele me amou, e tudo isso foi possível porque Ele me transformou.

Viver uma nova vida requer coragem e ousadia, bem como ser tratado e curado pelas mãos do Senhor. As nossas maiores dores se tornam, nas mãos do Criador, obras-primas, com o objetivo de restaurar e curar os que estão à nossa volta. Somos curadores para curar. Somos amados para amar. Somos aceitos para aceitar. Somos libertos para libertar.

pastoramirtes03

+1 (774) 217 0163

mirtes.sartell

mirtessartell@hotmail.com

25 CURADA PARA CURAR

POR PRA. MIRTES SARTELL

"Mas Deus escolheu as coisas loucas do mundo para envergonhar os sábios, e escolheu as coisas fracas do mundo para envergonhar os fortes. Ele escolheu as coisas insignificantes do mundo, as desprezadas e as que nada são para reduzir a nada as que são, para que ninguém se vanglorie diante dele". (1 Coríntios 1:27-29)

Vivíamos como ciganos, sempre mudando de um lado para outro. Meu pai era caminhoneiro e minha mãe era dona de casa. Somos cinco filhos: três moças e dois rapazes; dentre as filhas, eu sou a do meio. Passamos por muitas dificuldades e vivíamos sempre de ajudas. Quando morávamos em São Paulo, aos meus 12 anos, em uma noite fria, dormíamos todos em um quarto, e eu tive um pesadelo que parecia real. Sonhei que a casa toda pegava fogo e não tinha como escaparmos. O fogo aumentava cada vez mais, até que ouvi uma voz dizendo: "Não, ela não vai morrer, ela viverá". E, de repente, o fogo parou. Acordei assustada, sem entender, mas guardei aquilo para mim.

Um dia, tivemos que nos mudar novamente. Quando meu pai chegava em casa, era sempre atribulado. Havia muito temor em todos nós, principalmente em minha mãe. Meu pai tinha um enorme centro espírita, e as pessoas vinham de todas as regiões do Brasil para falar com seus mortos; ele era o pai da mediunidade. Éramos forçadas a participar das sessões com ele e com outras pessoas na mesa branca. Meu pai seguia Allan Kardec, Chico Xavier e também centros de macumba. Já a minha mãe seguia o catolicismo. Quando não obedecíamos ao meu pai, éramos jogadas no quarto de punição até que ele resolvesse nos tirar de lá. Ele foi um homem muito violento, verbal e fisicamente.

Meus irmãos, já adultos, não moravam mais conosco; então, só restávamos nós, as mulheres. Sofríamos muito com o nosso pai, que era dominador e possessivo. Sempre tentei fazer parte da família, mas, por algum motivo, eu não conseguia. Sempre fui a "ovelha negra", rejeitada e isolada por todos. Nessa época, morávamos em uma casa com dois quartos. Eu dormia com os meus pais, e as minhas irmãs dormiam em outro quarto. Então, muitas vezes, vi meu pai violentando minha mãe sexualmente. Constantemente, ele a forçava nas madrugadas com uma faca no pescoço. Eu era pequena e tinha muito medo, não podia reagir a nada. Certo dia, não queria mais dormir ali e implorei para passar a noite com minhas irmãs, o que meus pais permitiram.

Muitos dias depois, numa madrugada, ouvi um barulho muito alto. Acordei e não ouvi mais nada. Como eu já estava acordada, decidi ir ao banheiro; ao chegar lá, encontrei minha mãe caída. Ela havia batido na beirada do vaso e havia muito sangue no seu rosto e no chão. Desesperada, acordei meu pai para ajudá-la, mas ele simplesmente disse: "Deixe-a morrer". Então, com 16 anos, saí de casa desesperada, procurando alguém de madrugada para ajudá-la. Um vizinho, então, nos levou até o hospital. Lá, eu fiquei sozinha segurando a minha mãe numa cama pequena para que ela não caísse, porque poderia ter convulsões. A partir daquele dia, nasceu um ódio no meu coração pelo meu pai.

"'Porque sou eu que conheço os planos que tenho para vocês', diz o Senhor, 'planos de fazê-los prosperar e não causar dano, planos de dar a vocês esperança e um futuro.'" (Jeremias 29:11). Meus irmãos moravam nos Estados Unidos nessa época, com o meu namorado. Quando completei 18 anos, decidi ir para lá também. Já fazia dois anos que não via meu namorado. Assim, ele e meus irmãos resolveram me levar para lá. Mas meu pai só permitiu que eu viajasse se eu me casasse; então, preparamos tudo. Realizamos o casamento por correspondência e eu parti para os Estados Unidos. Para mim, essa viagem era mais uma fuga, uma tentativa de deixar a minha casa. Eu achava que, saindo de lá, os meus problemas acabariam, mas tudo o que é enterrado vivo em nosso interior tem poder sobre nós. Eu tinha planos e o diabo também, mas o Senhor tinha outros. "Então o Senhor veio a Abrão e lhe ordenou: 'Sai da tua terra, da tua parentela e da casa de teu pai, e dirige-te à terra que lhe indicarei!'" (Gênesis 12:1).

Na noite em que cheguei aos EUA e revi meu namorado, que então era meu marido, ele não esperou nem um momento, nem o próximo dia, e me violentou sexualmente. Em minha cabeça, se passavam somente os momentos vividos pela minha mãe. Fiquei com nojo, me senti suja. Eu me levantei apressadamente e fui ao banheiro. O que veio à minha mente foi: agora, sei o que minha mãe sentia. Estou vivendo o que ela viveu. Naquela época, eu só tinha uma meta: trabalhar e conquistar dinheiro para poder aniquilar a vida do meu pai, que acabou com todas nós. Trabalhava dia e noite a fim de contratar uma pessoa para tirar a sua vida, colocando um ponto-final no sofrimento da minha mãe. Apesar de nós duas não termos um bom relacionamento, eu odiava o que o meu pai fazia.

Meu esposo era possessivo e ciumento. Eu não podia chegar atrasada em casa ou conversar com ninguém, principalmente com um homem, porque era briga na certa. Eu tinha uma amiga evangélica muito meiga e educada que, por algum motivo, era muito atenciosa comigo. Na verdade, nem sei por que isso acontecia. Naquele período, eu estava muito amarga, e pessoas amargas amargam a vida dos outros. Mas Deus tinha um plano: "Sei que podes fazer todas as coisas; nenhum dos teus planos pode ser frustrado." (Jó 42:2). Assim, pela primeira vez, entrei em uma igreja evangélica. Essa amiga me convidou, e eu não pude recusar, pois ela cativou o meu coração e não queria desapontá-la.

Jesus estava me esperando e eu não sabia. Nesse dia, o pastor pregava sobre o amor de Deus. Suas palavras queimavam em meu coração, pois ninguém mais do que eu desejava ser amada. Nunca recebi amor em casa, não sabia o que era amar e como poderia existir um amor como esse. Ele me ama como sou, incondicionalmente? Ele morreu por amor a mim, e isso eu não podia compreender. "Será que isso é possível?" Enquanto essas indagações vinham à minha mente, me vi na frente da igreja me rendendo e me entregando a esse amor. Como eu desejava sentir isso! Quando criança, nunca me sentei no colo da minha mãe ou do meu pai. Sempre briguei na escola, mas não tinha quem me defendesse. Meus pais não iam às reuniões; também, nunca foi possível me deitar no sofá, colocando a cabeça no colo de minha mãe. Tive que me virar muito cedo, aprendendo a me defender e a sobreviver.

Assim, ao entregar minha vida ao Senhor Jesus naquela noite, entrei no meu carro e fiz um pacto com Ele. Eu não entendia sobre aliança, pois no espiritismo e na umbanda trabalhamos com pactos. Então, eu disse a Jesus: "Se você prometer que jamais me abandonará (porque, Jesus, todos me abandonam), se você prometer que jamais me deixará, aconteça o que acontecer (porque eu sou uma pessoa muito problemática e você vai ter muito trabalho comigo), se você não me deixar, eu prometo que não te deixarei e anunciarei a todos quem tu és". O meu coração gritava dentro de mim, eu não continha as lágrimas. Assim, naquele carro, tive minha primeira experiência com Jesus. Ouvi Sua voz num sussurrar, dizendo: "Eu prometo". Ali, foi selado o nosso pacto.

"Esqueçam o que se foi; não vivam no passado. Vejam, estou fazendo uma coisa nova! Ela já está surgindo! Vocês não percebem? Até no deserto vou abrir um caminho e riachos no ermo." (Isaías 43:18,19). Uma nova história estava sendo escrita pelas mãos do Criador. Depois que aceitei Cristo como o meu Senhor e Salvador, teve início o processo. Vieram muitas lutas; comecei a ter perturbações em casa, no trabalho, e não entendia por que tantas coisas estavam acontecendo. Eu não sabia orar nem como lidar com tudo aquilo, até que um dia Deus colocou alguém perto de mim. Surgiu uma outra amizade; e essa amiga me ensinou a orar, a guerrear e a ler a Bíblia. Deus sempre colocará as pessoas certas para lhe ajudar.

Um dia, voltei mais tarde para casa porque o dentista se atrasou. Quando eu cheguei, meu marido estava me esperando em pé, em frente à porta. Pude ver que ele já tinha quebrado certas coisas. Chocada, perguntei o que tinha acontecido, mas ele já foi me batendo, sem nem deixar que eu me explicasse. Ele me jogou no chão e me esmurrou. Naquele momento, passou por ali uma vizinha evangélica. Foi então que vi o poder de Deus sendo manifestado. Ela foi até o meu marido e o repreendeu em nome de Jesus. Vi aquele homem cair do meu lado totalmente imóvel, e consegui escapar.

"A luz resplandece nas trevas, e as trevas não prevaleceram contra ela" *(João 1:5)*. Ele voltou ao Brasil, e eu pude, enfim, seguir a minha vida. Eu me dediquei a conhecer o Senhor e a Sua palavra. Costumava ficar horas e horas nas madrugadas lendo e orando. Naquela época, eu sofria de uma enfermidade chamada erisipela, para a qual não havia cura. Foi quando eu descobri a Sua palavra "Mas ele foi ferido por causa das nossas transgressões, e moído por nossas iniquidades; o castigo que nos traz a paz estava sobre ele, e pelas suas pisaduras fomos sarados." (Isaías 53:5). Tomei posse dela e fui curada instantaneamente. Jesus estava trabalhando em mim não só de forma física, mas também emocionalmente, pois meu coração precisava de cura.

"Cura-me, Senhor, e serei curado; salva-me, e serei salvo, pois Tu és aquele a quem eu louvo." (Jeremias 17:14). Eu precisava aceitar que necessitava de cura. Por muito tempo, coloquei as minhas feridas em guarda-roupas e não queria ver e nem mexer em lembranças dolorosas. Mas Deus queria as minhas feridas e dores. Ele não desperdiça nada. Ele pega as nossas sobras e faz delas uma obra-prima.

"E Jesus, ouvindo isto, disse: "Esta enfermidade não é para a morte, mas para a glória de Deus, para que o Filho de Deus seja glorificado por ela."' (João 11:4).

"Entregue a sua dor, porque a sua maior dor será um instrumento de cura nas mãos de Deus. Para curar e restaurar, Deus não desperdiça nada."

Pra. Mirtes Sartell

Monique Ivêncio

Eu me chamo Monique Ivêncio, sou natural do Rio de Janeiro (RJ), e moro em Cabo Frio (RJ), vivendo parte do meu propósito, que é amar e cuidar da minha família, além de ajudar outras mulheres.

Filha de Luís Eduardo Ivêncio e Maria do Socorro Ivêncio, sou casada com André Couto há 20 anos, e mãe do Enrico e do Erick.

Atuo como psicanalista clínica com base cristã, formada pelo Instituto Fazendo a Diferença (IFD). Esse trabalho tem sido minha mais nova paixão, pois com ele posso ajudar outras mulheres a superarem seus traumas, elevarem sua autoestima e ativarem sua identidade de filhas. Portanto, consigo unir meu conhecimento científico, proporcionado pela psicanálise, com o alicerce da fé cristã, fortalecendo a saúde física, emocional e espiritual dessas mulheres.

Hoje, estagio na área de Educação Física e curso especialização em Sexualidade. Nos intervalos, sigo minha missão como empreendedora no ramo de festas e locação para eventos. Assim, vou vivendo o meu propósito onde quer que Ele me envie.

moniqueivencio_psicanalistaifd

+55 (22) 99284-4587

ivenciomonique@gmail.com

26 VOCÊ EXALA ESSÊNCIA DE VIDA OU DE MORTE?

POR MONIQUE IVÊNCIO

Sou a mais velha de duas filhas; na infância, vivenciei um complexo de Electra mal resolvido, a ponto de, até a minha juventude, ter cenas de ciúme do meu pai, por causa de qualquer um que se aproximasse dele. Eu marcava território para a minha mãe, que trabalhava fora da cidade e só voltava para casa aos fins de semana. Além disso, desde criança, fui muito perseguida nas escolas, a ponto de ser agredida e rejeitada por me considerarem metida. Hoje, acho isso engraçado; afinal, posso até ser assim, mas, depois que alguém conhece a minha verdadeira essência, passa a ter uma outra ideia a meu respeito.

Entretanto, esse rótulo se deu pelo fato de eu nunca ter querido ser uma cópia de ninguém. Tive que aprender isso desde muito nova, quando ganhei a minha segunda bicicleta, na cor ferrugem. Hoje ela está na moda, mas imagine uma menina de 7 anos, décadas atrás, com uma bicicleta assim? Automaticamente, na minha cabeça de criança, ela tinha que ser, no mínimo, cor-de-rosa. Imagine a minha frustração com a cor dessa bicicleta? Mesmo assim, eu sempre abracei o fato de ser diferente e tive coragem para exalar a minha essência.

E você, se considera uma pessoa que, quando vê alguém com algo que considera incrível, quer ter igual também? Ou você é das minhas, que, na maioria das vezes, até gostaria de ter mais coisas, mas precisou aprender a inovar e a não querer ser uma maria vai com as outras? Foi assim que eu lutei para não entrar no "efeito manada" do inconsciente coletivo, no qual todos repetem os comportamentos alheios.

Há aproximadamente 170 semanas, num domingo, dia 22 de março de 2020, sentindo falta da rotina devido ao início da pandemia, senti uma indignação e uma inconformidade por precisar ceder a um novo modo de viver. Eu dormia tarde, acordava tarde; não estava tendo o estilo de vida que sempre desejei ter. Por isso, decidi nadar contra a maré. E foi assim, buscando ser criativa, que ingressei numa jornada de descoberta; conheci um outro lado da vida: as redes sociais, as quais me trouxeram até aqui!

Ao fazer uma análise sobre o meio em que você nasceu e cresceu, você já pode observar se o estilo de vida que vem tendo é aquele que foi implantado por seus pais ou tutores. Tal estilo, hoje, se reflete em seus comportamentos, o que é tão somente a manifestação do padrão enraizado na sua essência. A isso, podemos chamar de natureza humana – definida pela psicanálise como o nosso id. Ou seja, se trata de algo que já nasceu em cada um de nós, é o modo de ser, pensar e agir próprio da nossa essência ou natureza adâmica, como os nossos quereres e nossas vontades, que se manifestam através do desenvolvimento da personalidade.

Então eu lhe pergunto: você está feliz com a essência que vem exalando? Ela tem cheiro de morte, aquela mesma de Adão decaído, ou essência de vida? Você consegue defini-la? Os sentimentos que você carrega nessa jornada podem ter nascido de situações que ainda não foram ressignificadas, como: traumas, abusos, dores, humilhação, tristeza, raiva, injustiça, traição, decepção, abandono, rejeição, solidão, culpa, vergonha ou ansiedade, dentre outras – se é que consegue se lembrar de tais fatos –, e talvez tenham sido ativados de forma obscura. Provavelmente, de modo inconsciente, foram acionados mecanismos de defesa para lhe proteger de memórias ruins.

Mas, se existe cheiro de morte, sabemos que há um que veio para nos dar vida em abundância, para exalarmos o verdadeiro perfume de Cristo, em que nosso ego – o qual proporciona equilíbrio à nossa psiquê – vem a ser lapidado por meio da palavra de Deus. Quando nos permitimos vivenciar isso, temos a oportunidade de transformar as nossas vidas, de modo que elas sejam plenas, alegres e felizes. Mesmo em meio às batalhas, Ele já nos fez mais do que vitoriosos em Cristo Jesus. Porém, só consegue viver essa certeza quem toma a decisão de dar o primeiro passo, buscando a cada dia manifestar a essência já depositada em nós. No entanto, algumas situações fizeram com que, hoje, você e eu tenhamos determinados comportamentos de forma inconsciente, o que nos permite avançar diante do perigo ou paralisar, por medo do desconhecido.

Você cresceu vendo seus pais trabalhando, sob sol ou chuva, para, aos fins de semana, poderem fazer a feira e o açougue. O biscoito Palhacitos era dividido ao meio entre você e sua irmã. E, assim, foram se passando os anos, até o momento em que, para se vestir, foi necessário ajudar no trabalho da família. Desse modo, você aprendeu que, se quisesse ter algo, precisaria trabalhar e estudar – mesmo tendo que acordar às 5h30 da manhã para pegar o primeiro ônibus, que ia de uma cidade para outra. Você chegava à escola às 7 horas da manhã e, só depois de um dia de trabalho atrás de um balcão de autopeças, podia ir para casa, por volta das 6 horas da tarde.

Muitas pessoas costumam dizer: "Como você teve sorte na vida! Nasceu em uma família que lhe proporcionou tudo isso...". Mas mal sabem eles o que você enfrentou até chegar aqui. Olham para os frutos que você colhe hoje, mas não fazem ideia das decisões que teve que tomar, das renúncias, do sol, da chuva e do vento que tomou. Não imagino o tamanho da sua maior dor, mas de uma coisa eu sei: ela não vai deixar de existir. Porém, o que você vai fazer ou o que tem feito com ela é o que ditará a diferença em sua caminhada. Mas eu quero acreditar que valerá a pena, dependendo de suas ações.

A vida eterna está logo ali, e pode chegar num piscar de olhos. O que você tem feito com a sua vida é decisão sua; o ponto de partida só cabe a você e a mais ninguém. Logo, não adianta se vitimizar ou colocar a culpa das consequências de suas ações no outro. Você tampouco deve se apegar e remoer sofrimentos do passado (e até do presente), não se movendo e se conformando com situações que podem estar tolhendo sua busca por uma vida de felicidade e novos sonhos. Quantas pessoas, hoje, já nem querem sonhar mais? Muitas vivem sem fé ou esperança, com medo do amanhã.

Mudanças geram crescimento, o qual, muitas vezes, provoca significativas dores, pois nosso cérebro não quer sair da sua zona de conforto. Frequentemente, ele aciona mecanismos de defesa para impedir que pensamentos dolorosos cheguem à nossa consciência. Porém, sabemos que, se sofrimentos reprimidos não forem acionados por meio de técnicas específicas, podem permanecer para sempre no mundo obscuro da mente inconsciente: "Conhecereis a verdade e a verdade vos libertará." (João 8:32). Logo, esses sentimentos podem se manifestar em crises de ansiedade e comportamentos desajustados, dentre outras exteriorizações.

Mas, se você decidir enfrentar a barreira do inconformismo para superar suas dores e crenças, bem como seus medos e bloqueios, pode extrair o melhor da sua essência, na busca por construir um legado de vida em abundância.

Todas as coisas cooperam para o bem! Quem vive com propriedade pode, sim, deixar um legado de essência de vida na trajetória de outras pessoas, as quais, hoje, nem sequer imaginam viver uma vida, devido ao seu passado de dor e fracasso. Porém, eu estou aqui para ajudar você a ter conhecimento a respeito do que pode ser feito daqui por diante.

"Bem-aventurado o homem que acha sabedoria, e o homem que adquire conhecimento" (Provérbios 3:13).

A jornada é uma caminhada com o objetivo de conhecer a sua verdadeira essência e ativar o seu propósito de vida, ao resgatar e fortalecer a sua identidade de filha amada do Pai.

Se você está decidida a viver uma vida mais feliz, será quase impossível não exalar cheiro de vida. Mas como isso se dará? Por meio do autoconhecimento, iniciado por uma breve anamnese.

Você está vivendo uma vida coerente com o que deseja como uma filha amada? Está feliz com a vida que tem? Você se vê em meio à sua jornada de propósito? Tem feito algo para mudar ou acrescentar metas em seu caminho? Se sim, o quê?

Quais são as crenças, os bloqueios, comportamentos e as atitudes que ta têm impedido de alcançar o próximo trecho dessa jornada? Você já consegue imaginar como deseja que seja a sua vida daqui a 1, 5 e 10 anos?

Realização pessoal, familiar, ministerial e profissional

Em quais dessas áreas da vida você se vê bem-sucedida? Qual é a essência que quer exalar neste mundo?

Talvez você tenha tido dificuldades em responder às questões acima. Pode ser que ainda existam áreas em sua vida a serem desbloqueadas, as quais podem ter sido afetadas na sua infância por um sentimento de abandono por parte dos pais; algum trauma causado por um abuso; ou, na sua fase adulta, devido a um luto ou adultério – situações que, hoje, a estão atrapalhando na tomada de novas decisões.

Tudo isso pode provocar sentimentos como baixa autoestima, impedindo você de avançar e projetar um futuro extraordinário. Ou, até mesmo, perpetuando situações e a presença de pessoas ao seu redor que atrapalham sua jornada em busca de ser uma pessoa próspera e equilibrada nas suas emoções, além de dificultar que você tenha uma mente transformada.

“Mulher mais que vitoriosa, missão dada é missão cumprida. Então, faça o que tem de ser feito!”

Monique Ivêncio

Pra. Rhafaela Balione

Eu me chamo Rhafaela Balione, sou natural de Rondônia, e sou casada com Haurélio Balione. Somos pais da Helena, que nascerá em outubro deste ano.

Tenho graduação em Psicologia, especialização em Aconselhamento e Psicologia Pastoral, bem como formação em Terapia EMDR, além de ser *coach* de liderança.

Por ter um chamado e desenvolver um trabalho de liderança, cuidado e ensino, fui consagrada, em 2019, ao ministério pastoral. Atuo, desde 2016, como palestrante, especialmente nas áreas da saúde emocional, liderança e família. Em 2017, iniciei um trabalho com pastores e líderes que, em 2018, tornou-se a Rede de Cuidado, uma organização que tem como objetivo treinar e aconselhar pastores e líderes, na área emocional.

Sou apaixonada por desenvolver pessoas e conduzi-las, por meio da Palavra, a curar sua história, descobrir sua verdadeira identidade e cumprir seu propósito.

rhafabalione

+55 (69) 98471-2191

rhafabalione@gmail.com

27 VOCÊ SABE QUEM É E POR QUE NASCEU?

POR PRA. RHAFAELA BALIONE

Não é segredo que vivemos um dos momentos mais significativos da história no que diz respeito ao adoecimento psicológico e emocional, com os maiores índices de depressão, ansiedade e suicídio. Somos uma sociedade imersa em conflitos pessoais e profundamente adoecida em seus relacionamentos. Mas por que isso acontece? Por que essa geração vivencia tantas crises? Talvez, a resposta para essas e outras perguntas esteja em dois grandes pilares da vida humana: a identidade e o propósito.

"Mas vós sois a geração eleita, o sacerdócio real, a nação santa, o povo adquirido, para anunciar as virtudes daquele que vos chamou das trevas para a sua maravilhosa luz." (I Pedro 2:9). Nesse texto das escrituras, vemos os dois pilares mencionados acima: identidade ["vós sois"] e propósito ["para que"]. Nós nascemos para ter uma identidade estruturada e para realizar algo importante e significativo. Ao nos desconectarmos dessa realidade, é gerado em nós um profundo e avassalador adoecimento psicoemocional.

Myles Munroe dizia: "Eu acredito que a maior tragédia na vida não é a morte, mas uma vida sem propósito". Quantas vezes ouvimos, lemos e até repetimos essa frase? Porém, o que poucas de nós fazemos é olhar a profunda verdade nela contida. Quantas estamos sendo roubadas em nossas mais nobres riquezas quando, dia a dia, nos curvamos às exigências da cultura atual? Há uma frase solidificada em nossas mentes: "Não tenho tempo". Porém, nunca avaliamos que, um dia, de fato, não haverá mais tempo. Então, será que teremos feito o que deveria ser feito? Será que teremos cumprido o nosso propósito? Será que teremos nos tornado, de fato, quem deveríamos ser? Acredito que não conseguimos fazer o que precisamos sem, primeiro, nos tornar quem devemos ser.

Apesar do frenesi, do ponteiro do relógio que insiste em correr e das urgências da vida, nada é mais importante do que descobrir quem você é e viver o seu propósito. Porém, o principal problema, querida leitora, é que fomos enganadas! Fomos influenciadas a trocar o precioso pelo vil, o essencial pelo urgente. Como costumo brincar em minhas palestras: "As demandas são como louça na pia – não acabam e nem diminuem". Nessa loucura, a verdade é que não olhamos o que deveríamos olhar, não damos prioridade ao que mais importa. Nossos mergulhos são rasos, conhecemos muito pouco a respeito de quem somos e de quem fomos chamadas para ser. Logo, não descobrimos nosso propósito e nem exalamos a nossa real essência.

O fato é que, quando aceitamos Jesus, passamos a ser portadoras do Espírito Santo, nos tornamos realmente vivas. Mas o primeiro passo é nos tornarmos vivas, e o segundo é saber quem somos, termos uma identidade. Entretanto, diante da falta de estrutura familiar e emocional, a maioria de nós enfrenta uma guerra quando o assunto é vida pessoal. Há uma voz que talvez nos acompanhe desde a infância. São situações vivenciadas no passado que nos dizem, todos os dias, que não somos importantes, necessárias, aceitas e amadas. Todas essas coisas se configuram ferrenhos ataques contra a nossa verdadeira identidade. Somos entulhadas e contaminadas todos os dias, desde a nossa formação intrauterina, por informações totalmente distorcidas a nosso respeito. A nossa identidade é quem somos, mas vivemos, muitas vezes, em vez disso, a realidade de quem acreditamos ser.

Mesmo aqueles que um dia aceitaram Jesus encontram-se, frequentemente, perdidos em sua identidade, pois acreditam em mentiras que viram, ouviram e sentiram ao longo de suas vidas. Com isso, ficamos cada vez mais distantes do prazer e da realização que existe em ser quem nascemos para ser e viver aquilo que nascemos para viver. Afinal, nessa construção distorcida da identidade, na qual nos tornamos o que querem que sejamos, e nos movemos consciente e inconscientemente para corresponder às expectativas alheias, viramos uma farsa. Vivemos submersas em frustrações e angústias e nos tornamos tudo, menos quem realmente devemos ser: nós mesmas.

É necessário abandonar a construção de "eu" que fizeram para nós. Você pode ser livre da identidade que construíram em seu nome, das expectativas que colocaram em você. Não precisa ser o que seus pais desejaram, e isso não é desonra ou ingratidão. É, simplesmente, tornar-se o que o autor da vida projetou, pois, Nele, somente Nele, com Ele e através Dele, eu e você alcançaremos um lugar de plenitude, realização e sentido.

Carl Jung dizia: "Todos nós nascemos originais e morremos cópias". Você quer ser original ou uma cópia? Você pode e deve ser livre de toda falsa identidade. Você pode e deve encontrar e exalar sua verdadeira essência. Assim, o meu convite para você hoje, amada leitora, é: abandone a identidade que construíram para você, você não precisa dela. Na verdade, ela é uma pedra na sua jornada em busca da felicidade e do sentido da vida. Sua mais importante decisão nesse processo será abandonar sua falsa identidade, porque, se você não deixar de ser quem tem sido, jamais se tornará quem Deus a chamou para ser. Ele a chamou para ser filha, com direito e herança de filha. Essa é a sua identidade, e saber quem você é a capacitará a suportar tudo o que for necessário no processo para viver o seu propósito. Foi assim com nosso mestre Jesus. "*E aconteceu que, ao ser todo o povo batizado, também o foi Jesus; e, estando ele a orar, o céu se abriu, e o Espírito Santo desceu sobre ele em forma corpórea como pomba; e ouviu-se uma voz do céu: Tu és o meu Filho amado, em ti me comprazo.*" (Lucas 3.21-22).

Se você seguir a leitura, observará o relato da tentação no deserto, descrita no capítulo 4 de Lucas. Você acredita que Jesus tinha dúvidas sobre quem Ele era? Eu acredito que não, mas esse texto mostra que Deus afirma a identidade de Jesus antes que grande tribulação lhe sobreviesse, para nos ensinar que, se soubermos quem somos, podemos suportar as oposições que vierem, as afrontas e os questionamentos que surgirem. Eu acredito que Jesus suportou tudo até o fim, pois sabia quem era: filho amado do Pai.

Nas dores e dificuldades da vida, o que o inimigo sempre questionará é a nossa identidade, querendo nos dizer que, se fôssemos, de fato, filhos de Deus, isso ou aquilo não estaria acontecendo. Temos sido uma geração imersa em conflitos e distorções, pois não estamos vivendo a nossa verdadeira identidade; nos baseamos no que acontece conosco, nas experiências ruins que vivemos, no que sentimos, no que dizem, e não na realidade de quem somos.

Sim, você pode! O único que morreu para nos salvar, o único que deve ser Senhor absoluto sobre nós, diz que foi para a liberdade que Ele nos chamou. "Foi para a liberdade que Cristo nos libertou. Portanto, permaneçam firmes e não se deixem submeter novamente a um jugo de escravidão." (Gálatas 5.1). Ninguém deve ter o poder de determinar quem você deve ser e o que deve fazer, pois tudo isso foi desejado, designado e liberado pelo arquiteto do universo. Somente Ele conhece todos os seus dias, pois Ele os escreveu. "Os teus olhos viram o meu embrião; todos os dias determinados para mim foram escritos no teu livro antes de qualquer um deles existir." (Salmos 139:16).

Além de sermos escolhidas para sermos filhas de Deus, também nos é feito um chamado, nos é entregue uma missão, um propósito. E ter isso claro fará com que vivamos uma vida com relevância e sentido. Quantas pessoas estão sempre cansadas, desanimadas, tristes, desistidas? Quantas já nem vivem – apenas sobrevivem –, pois não têm motivos para existir, não têm razão que as mova, já que perderam a visão e o propósito. Elas não sabem para onde caminham e nem por que caminham.

Deus não nos chamou apenas para sermos salvas, mas para sermos um instrumento de salvação, transformação e cura na vida de outros! Eu estou aqui falando com você hoje exatamente por isso, porque tenho um propósito e o vivencio todos os dias. Quando não conhecemos o nosso propósito, experimentamos uma vida sem sentido e realização.

Querida leitora, o que a motiva a continuar vivendo? Qual é o sentido da sua vida? Nessa jornada, você deve ser inteira e intencional. Descobrir o seu propósito é algo que só você pode fazer. Ele é pessoal, intransferível, e você é insubstituível nele. Temos uma responsabilidade profética, você consegue entender isso? Certa vez, uma pastora compartilhava comigo sobre o temor de fazer a obra de Deus, pois grande era a responsabilidade. Rapidamente, senti o Espírito ministrar em meu coração a respeito de um temor ainda maior que também precisamos carregar: o de não cumprir o propósito para o qual fomos designadas. Que esse temor possa tomar o meu e o seu coração!

Nesse processo, é necessário entendermos que não basta sermos chamadas, escolhidas, ungidas e carregarmos uma promessa. É fundamental conhecermos o propósito e nos movermos nele. "*Diante de promessas tão animadoras, queridos amigos, vamos nos livrar de tudo o que nos distraia ou contamine, seja por dentro, seja por fora. Que nossa vida esteja em forma e que sejamos templos santos para o culto a Deus.*" (II Coríntios 7:1 – A Mensagem).

Somos uma geração chamada, temos um privilégio e uma responsabilidade. Deus está levantando uma geração de mulheres ousadas, corajosas, determinadas, posicionadas, de mulheres que sabem quem são e para o que foram chamadas, de mulheres dispostas e disponíveis, que viverão por Ele e para Ele, e farão o que for necessário para serem instrumentos de honra em Suas mãos.

Você é essa mulher? Ele pode alistá-la? Você dirá sim, sabendo quem você é e aberta para ouvir as instruções a respeito do que deve ser feito? Eu escolho dizer sim! E você?

"Se você não deixar de ser quem tem sido, jamais se tornará quem Deus a chamou para ser."

Pra. Rhafaela Balione

Silmara Marin Mendes

Meu nome é Silmara Aparecida Marin Mendes. Sou natural e residente de Fernandópolis (SP). Sou casada há 26 anos com o meu amado esposo Cristóvão Mendes. Tenho dois filhos: Leticia, que é médica; e Leonardo, bacharel em Direito e sucessor da nossa empresa.

Cursei Letras e Direito e hoje sou mentora, escritora e empreendedora. Trabalhei na empresa da minha família por mais de 23 anos, na área financeira. Além disso, pude aprender sobre todos os setores da empresa.

Descobri cedo que as coisas não são fáceis, mas que, quando temos um sonho e nos dedicamos a ele, tudo é muito mais prazeroso. Superei e ainda enfrento muitos desafios. Provei que é possível ter sucesso e mudar a própria vida por meio do autoconhecimento, da busca incessante por conhecimento, do *networking* e, principalmente, do desejo ardente de ajudar as pessoas.

https://linktr.ee/sammyoumodas

+55 (17) 99775-1040

silma.ra@hotmail.com

28 VOCÊ, MULHER, AINDA MELHOR!

POR SILMARA MARIN MENDES

Após me formar em um curso técnico de Contabilidade, eu e meu marido fizemos juntos a faculdade de Letras. Ainda insatisfeita e me sentindo perdida profissionalmente, ingressei no curso de Direito. A minha expectativa era a de me tornar delegada, pois acreditava que essa profissão combinava comigo. Porém, após fazer um estágio na área, percebi que não era o momento para seguir a carreira jurídica. Mudei a rota e passei a me dedicar à empresa da família.

No mundo corporativo, predominantemente dominado por homens, adquiri muita bagagem e experiência. Entendi que os desafios e as adversidades me tornaram uma empresária forte, capaz e resiliente. Assim, ajudei a construir e a consolidar a empresa por mais de 20 anos. Fiz parte dessa história e me orgulho muito da minha trajetória.

O ano de 2021 foi um marco na nossa vida. Uma questão de saúde bem delicada do meu marido nos abalou profundamente. Ele, que sempre foi muito saudável, descobriu uma enfermidade preocupante. Seu estado de saúde se degenerou rapidamente para uma condição grave, e os médicos não encontravam uma solução para o seu caso. Buscando sua melhora, passamos por três hospitais diferentes e ficamos 32 dias internados. Chegando a São Paulo, com a esperança de que encontraríamos a cura, os especialistas nos deram o prognóstico de que meu marido teria apenas 48 horas de vida. Mesmo aparentando força, meu coração estava dilacerado só de pensar que poderia perder meu parceiro de vida.

Com o nosso distanciamento da empresa, nos sentíamos impotentes diante daquela situação, sabendo que nossa equipe precisava de nós. Confesso que esse foi o momento mais delicado e doloroso da nossa história.

Com uma fé inabalável em Deus e com a esperança profunda de que tudo sairia bem, o tratamento foi fazendo efeito e meu marido foi se recuperando aos poucos. Graças a Deus, todas as previsões médicas caíram por terra. Hoje ele está bem, saudável e ativo. Porém, todo o medo e o estresse que experimentamos naquele período abalaram tremendamente o meu emocional. Logo percebi que estava passando por uma crise depressiva. Nesse meio-tempo, enquanto eu pensava sobre a minha carreira, sentia um vazio no peito. Parecia que, mesmo que eu conseguisse voltar normalmente às atividades da empresa, ainda não estaria satisfeita e feliz. Essa experiência terrível trouxe à tona uma provocação íntima sobre qual era meu verdadeiro propósito profissional.

Por alguns meses, eu fiquei paralisada, sem atitude e direção. Sabia que deveria ser grata por tudo o que conquistamos, mas, ao mesmo tempo, a preocupação e a vontade de realização me deixavam angustiada. Essa insatisfação me fez iniciar uma jornada de autoconhecimento, e mergulhei dentro de mim mesma. Saí de todas as redes sociais e busquei fervorosamente entender o que estava faltando para eu voltar a ser alegre, disposta e comprometida.

Depois de muito refletir, entendi que minha atuação por tantos anos na empresa familiar tinha que se encerrar. Era tempo de começar um novo ciclo. Confesso que me senti insegura e pensei: como alguém com mais de 50 anos de idade pode recomeçar? Como um uma luz no fim do túnel, um curso de consultoria de imagem e estilo despertou o meu interesse. Eu sempre fui apaixonada por essa área, mas nunca tinha estudado nada a respeito.

Como não tinha o que perder, resolvi me aprofundar nos estudos e um novo brilho floresceu em mim. Fiquei encantada por aquele conhecimento, pela beleza da moda, por trabalhar com a autoestima das mulheres e, logo, minha alegria renasceu. Entendi que ali havia um chamado da minha alma.

Com o intuito de me aperfeiçoar, me formei em Consultoria de Imagem e Estilo pela École, renomado instituto com sede em Paris. Eu já estava satisfeita com a consultoria de imagem, mas meu propósito de vida era maior, e minha alma pedia mais. Meu entusiasmo era tamanho que eu me perguntava: "O que mais eu posso fazer? Como posso impactar mais pessoas?". Nessa busca intensa, um dia tive a ideia de que confeccionar camisas femininas com estilo e elegância seria uma forma de continuar a trabalhar com mulheres e poder despertar ainda mais sua força e feminilidade.

Foi então que criei a Samm You,, minha marca própria de camisas, pela qual sou completamente apaixonada. Esse nome foi criado despretensiosamente, em uma viagem de comemoração de bodas de 25 anos de casados. Por influência do Google, eu vi que as letras s, a, m, m, y, o, u, formavam exatamente meu nome completo! Quando nosso propósito é revelado em nosso coração, não há nada que nos segure!

O prazer de viver intensamente nos acompanha todas as manhãs, e fazer acontecer é um objetivo do qual não é possível desistir. Com muita dedicação e perseverança, lancei há pouco a marca no mercado online. Desde então, muitas mulheres estão tendo a oportunidade de sentir o abraço da Samm You Modas. Com muitos desafios até aqui, vários anos de dedicação à vida empresarial e diversos cursos feitos para me aperfeiçoar, hoje busco diligentemente contribuir com a vida das mulheres. Dessa forma, me sinto realizada com todas as minhas conquistas, por ter me reerguido após um momento extremamente doloroso em nossa família e por ter me encontrado em um ramo que me faz sentir feliz e animada.

Acredito que as coisas ruins nem sempre surgem em nossas vidas para deixar marcas de tristeza ou sentimentos negativos. Só crescemos quando, de alguma forma, lidamos com os desafios, aprendendo a ser mais fortes por causa deles. A escada é longa e subir degrau por degrau exige paciência, resiliência, sabedoria e força de vontade. Quantas vezes pensei em desistir? Muitas! E não pense que esse é um sentimento só seu, pois somos mulheres e assumimos diversas responsabilidades ao mesmo tempo.

Diante de tudo isso, posso dizer a vocês que, assim como encontrei minha paixão, podem também descobrir a sua – independentemente da sua idade. Para isso, no entanto, será necessário, em primeiro lugar, olhar para dentro de você. É importante entender se suas angústias e frustrações estão querendo lhe dizer algo. O chamado da nossa alma nos alerta e direciona para o caminho que devemos seguir.

Eu acredito que existe um propósito único para cada uma de nós; porém, para aceitar e seguir esse propósito, devemos ter a coragem de arriscar. É desafiador, não temos garantias e a zona de conforto não é um lugar que abriga vencedores. Para crescer e conquistar nossos sonhos, devemos ser ousadas e ter uma mentalidade positiva a maior parte do tempo.

Estou prestes a encerrar um ciclo da minha vida, pois acredito que os 50 anos são um marco. Por isso, quero deixar três recomendações pessoais que fizeram a minha vida ter significado.

Descubra seu propósito

Não estamos neste mundo por acaso. Por isso, devemos usar nossos dons, nossas habilidades e paixões para gerar valor para as pessoas. Um dos motivos que mais adoece a população é a ausência de sentido na vida. Quando uma pessoa não se sente útil na sociedade em que está inserida, ela tende a não se sentir valorizada.

O propósito nos alimenta, nos direciona e nos dá forças para continuar. Quando estamos focados em construir algo relevante, nossa mente se concentra nas soluções que podemos gerar e nos desafios que temos que superar. Assim, todo vazio existencial desaparece e um brilho revigorante reina em nosso corpo e mente. Conectar-nos com nosso propósito e encontrar nosso verdadeiro papel nesta pequena passagem existencial contribuem para uma vida cheia de energia e entusiasmo, mesmo diante de adversidades que surjam no caminho.

Reflita comigo: o que realmente você deseja conquistar? Aonde você quer chegar? Como quer ser vista pelas pessoas? A vida que você tem hoje está conectada com o seu propósito? Nossos planos acontecem, primeiramente, em nossa imaginação; depois, buscamos os recursos necessários para realizá-los.

Seja disciplinada

Segundo o filósofo Mário Sergio Cortella: "A disciplina é a organização da liberdade". Toda pessoa indisciplinada se torna refém dos seus próprios hábitos.

Sabe aquela pessoa que sempre começa algo e desiste no meio do caminho? Pois bem, ela provavelmente não realizará grandes feitos. Nossa motivação e produtividade oscilam, e é isso natural. Porém, o ideal para quem quer vencer na vida é fazer com que os dias, em sua maioria, sejam bons e produtivos.

Quando sabemos aonde queremos chegar, devemos caminhar diariamente na direção correta, mesmo avançando apenas 1% a cada dia. A disciplina é o que transforma nossos sonhos em realidade, é a ponte entre o desejo e a conquista. Mantenha-se focada nos seus objetivos. Pense nas pessoas que serão beneficiadas com suas soluções e não se desvie de sua visão. Vale a pena ter disciplina!

Nunca é tarde para recomeçar

Como você pôde acompanhar nesse breve relato, eu recomecei aos 50 anos de idade. Confesso que senti medo de ser ou parecer inadequada àquela altura da vida. Também tive receio de fracassar, após meu histórico empresarial de longos 20 anos em uma empresa familiar. Porém, entendi que a vida é feita de desafios. Não tenha medo de buscar aquilo que você ama. Mergulhe nos estudos, esteja em ambientes que vão inspirá-la e conecte-se com pessoas que incentivam seu crescimento.

Muitos podem duvidar da nossa capacidade – principalmente quando estamos no início –, mas não permita que isso influencie seus passos. Mantenha-se firme e não tenha receio de recomeçar. Se for preciso, mude a rota, a estratégia: só não desista de viver seus sonhos.

Espero que, com esta singela contribuição neste capítulo, eu possa ter encorajado você a ser forte e resiliente para buscar, vividamente, realizar tudo o que está no seu coração. Mulher, acredite em si mesma!

"Como mulheres, devemos confiar em nossas habilidades e fazer a diferença. Que sejamos inspiração para nossas famílias e para a sociedade!"

Silmara Marin Mendes

Simone Nascimento

Sou a pastora Simone Nascimento, natural de São Paulo (SP). Hoje, moro sozinha; fiquei viúva aos 36 anos. Tenho 42 anos e, quando perdi meu marido, meu filho Caique tinha 16 anos e minha filha Cauane tinha 11. Com esforço e sabedoria em sua criação, hoje ambos estão casados e me auxiliam na igreja.
Atuo como pastora-presidente na igreja Comunidade União Church. Também sou escritora, palestrante e pregadora.

Comecei a pastorear depois da morte do meu esposo e passei a pregar sobre o que Jesus fez comigo. Do mesmo modo, ministrei palestras com mulheres. Para chegar até aqui, tive que superar dores e preconceitos, fazer escolhas diferentes daquelas da maioria das pessoas e seguir. Com essa fé em Jesus, nasceu a vontade de ajudar as pessoas a superarem seus medos e preconceitos.

prasimonenascimento

+55 (11) 97861-6562

nascimentosimone018@gmail.com

29 EU SUPEREI

POR PRA. SIMONE NASCIMENTO

Superação: que palavra bonita! Na teoria, ela é heroica, divina, mas a sua prática é outra história. A superação requer de nós resiliência para suportar o processo. Eu entendi que superar obstáculos, vencer as dores, os medos, a luta e o processo me tornaram heroína de mim mesma. A minha primeira superação foi o grave acidente de carro que sofri com meu filho. Esse acidente aconteceu no dia 13 de agosto de 2015. Já no ano seguinte, houve a segunda superação: no dia 4 de novembro, meu esposo faleceu de câncer.

Meu acidente aconteceu quando eu estava indo pregar no lugar do meu esposo, o pastor Carlos Nascimento (em memória). Ele era hipertenso e, por sua pressão subir muito, os médicos o deixaram em observação, tomando medicação. Ao voltar pela estrada de Bonsucesso em Itaquaquecetuba (SP), cidade onde moro, me lembro de inclinar a cabeça para digitar o contato do meu esposo e, depois, não vi mais nada. De repente, ficou tudo escuro. Quando eu acordei, minha vida tinha saído da normalidade. O meu carro estava dentro do poste de luz e o pastor Luís estava com as mãos no volante em estado de choque, sem se mexer. O jovem João apavorado, com a perna machucada (felizmente, um ferimento superficial), ligava para o meu esposo. Enquanto isso, meu filho Caique estava com a camiseta branca vermelha de sangue. Seus dentes saíam da boca através de um corte aberto em seu queixo. Com o maxilar caído e o rosto deformado, ele gritava: "Mãe, eu vou ficar assim? Olha como eu estou!". Eu tentei sair do carro, mas estava presa pelo cinto de segurança. Não consegui sair para acalmar meu filho e abraçá-lo. Eu me recordo de que só pedia para ajudarem meu filho, que o socorressem primeiro.

Chegando ao hospital, eu reclamava de dores fortes na minha barriga. Senti que tudo estava escurecendo; antes de apagar, eu orei: "Ainda que eu ande pelo vale da sombra da morte, não temerei mal algum, porque Tu estás comigo" (Salmo 23:4). Meu esposo me contou que, quando fechei os olhos, o médico disse que eu tinha entrado em coma. Acordar foi uma dádiva dada pelo dono da vida, que estava todo o tempo comigo e com o meu filho, mas também me deram um grande susto as notícias que eu estava por receber. Fiquei sem entender: "Por que eu?", "Por que o meu filho?". O médico disse que meu intestino grosso havia sido esmagado pelo cinto de segurança e, por isso, acabei tendo uma hemorragia interna. Para me salvar, ele teve que abrir minha barriga na vertical, porque as fezes que se espalharam estavam já apodrecendo os outros órgãos. A equipe médica, então, precisou tirar alguns dos meus órgãos para fazer uma limpeza e cortar 50 centímetros do intestino que fora esmagado. Foi feita a cirurgia de colostomia, na qual a ponta do intestino, que se chama estoma, foi colocada na parede abdominal do lado esquerdo, para fora da minha barriga. Levei 49 pontos e soube que seria por ali que faria as minhas fezes.

Sobre o meu filho, meu esposo contou que o rosto dele estava desfigurado, e que seis dentes da parte de baixo de sua boca tinham caído. A cada hora, as notícias só pioravam. Logo me disseram que a boca do Caique havia apodrecido por dentro, porque, devido às costuras feitas, não tinha como fazer a higienização direito. Saber de tudo isso me trouxe muitos porquês. E, como eu sempre digo nas minhas palestras e ministrações, para toda pergunta existe uma resposta, e eu tive a minha.

Na véspera de minha alta, recebi minha resposta. Na mesma madrugada em que percebi as coisas naturais se tornando sobrenaturais, quem estava comigo era a Lucilene, amiga e pastora da minha igreja. Naquela madrugada, eu não dormia e, então, reparei que pela janela entrou uma fumaça. Olhei ao redor e me assustei: estavam todos em sono profundo. A enfermeira entrou no quarto e não acendeu a luz. Ela veio em minha direção, pegou na minha mão e falou: "Assim diz o Senhor!". Essa era a minha resposta! Aquela enfermeira era missionária, e avisou que tinha uma mensagem de Deus para me entregar. Ele me disse: "Fui Eu quem a trouxe a este vale, e essa experiência é mais uma na sua história. Estou lhe preparando para subir degraus; sua vida e seu ministério vão mudar a partir de tudo isso. Eu a coloquei, Eu vou tirá-la. Vou curar através das suas mãos. Onde você entrar, vou entrar com você. E não se preocupe com o seu (era o meu filho). Eu estou cuidando e vou colocar tudo no lugar". A enfermeira virou as costas e foi embora. Eu comecei a chorar após um tempo. Depois, quando Lucilene acordou, perguntei se tinha visto ou ouvido alguma coisa, e ela disse que não. No dia seguinte, eu recebi alta e meu esposo falou que havia uma surpresa para mim. Eu achava que era a reforma do quarto, mas, quando cheguei em casa, buscaram o meu filho. Em seguida, meu esposo me contou o que era: ele estava se arrumando para ir me buscar e, quando entrou no carro, Deus lhe disse: "Vá ver o Caique primeiro". E assim ele fez. Chegando lá, ouviu a voz de Deus dizendo: "Peça para o seu filho abrir a boca". Então, meu esposo falou: "Caique, você consegue abrir a boca?". E ele balançou a cabeça, afirmando que sim. E então vi que os dentes perdidos no acidente estavam lá. Deus colocou todos eles no lugar, como havia prometido. Os meus olhos contemplaram aquele milagre de ver o meu filho, que todos diziam estar parecendo um monstro, em nove dias, voltar a ter o rosto perfeito que sempre teve, e com os dentes no lugar. Deus é o Deus do impossível; Ele faz o impossível se tornar possível. Você, que está lendo este texto, creia nisso.

Foram nove meses de sofrimento intenso com aquela bolsa colada na minha barriga. Emagreci 13 quilos em uma semana e tive anemia por ter perdido muito sangue no acidente. Acabei entrando em depressão; não queria tomar banho para não ver o meu intestino para fora. Quando comecei a melhorar, carregava o preconceito de a bolsa aparecer, o receio de seu volume transparecer pela roupa. No meu pensamento, todos me olhavam. Demorei para perceber que, em todo esse processo, quem estava sofrendo ainda mais que eu era o meu esposo; ele sempre foi mais emotivo.

O meu sofrimento alterou o seu emocional de forma a fazer com que o câncer chamado sarcoma, localizado em sua coxa direita, evoluísse de forma agressiva. Esse câncer seria o seu segundo nódulo; o primeiro os médicos retiraram em 2012. Durante os nove meses do processo do meu acidente, os sintomas do seu câncer voltaram. Quando eu percebi que ele puxava a perna novamente e que ali havia um caroço do tamanho de uma laranja, perguntei o que estava sentindo. As palavras que nunca vou esquecer: "Eu vou cuidar de você primeiro,e, depois, cuido de mim. Falei para ele marcar uma consulta com o médico, mas eu não podia fazer muita coisa. Então, ele só foi piorando. Chegou a ficar internado durante a minha recuperação e espera até colocarem meu intestino para dentro.

No dia 16 de abril de 2016, fui fazer a segunda cirurgia, que foi um sucesso. Tive alta na quarta-feira e fui para casa. Dormi com a minha família e, na quinta-feira pela manhã, meu esposo foi internado para retirar o segundo nódulo. Foi feita a cirurgia e, mesmo assim, ele teve que fazer radioterapia e quimioterapia. Eu fiquei me recuperando, com pontos, e cuidando do meu esposo, na esperança de tudo aquilo passar e ser mais um testemunho de milagre na "família Nascimento". Mas o médico me chamou em uma das sessões de quimioterapia e disse que não daria tempo, que o câncer tinha criado raiz e que havia metástase. Ele viveria só mais três meses.

Recebi essa notícia-bomba no mês de agosto; no dia 4 de novembro, meu esposo já estava internado em coma induzido. Ele teve um choque séptico e Deus o recolheu para Si.

Eu sou minha heroína. É assim que eu me vejo hoje, porque estava certa de não me levantaria dessa dor. Meus primeiros pensamentos foram desistir de tudo, fechar a igreja e voltar a morar no quintal da minha mãe. Para mim, não havia saída, eu carregava duas dores: a de perder meu esposo e a de ver meus filhos sofrendo pela perda do pai.

Depois de passar muito mal pelo luto, precisei fazer vários exames. Então, foi descoberta uma doença chamada fibromialgia, e conviver com essa enfermidade é para mulheres fortes. Depois de ter ficado paralisada, sem conseguir mexer o meu corpo, totalmente entregue à dor, minha filha Cauane pediu para eu reagir, pois estava com medo de que eu morresse.

Então decidi me levantar, superei aquela situação e dei a volta por cima. Segurei nas mãos dos meus filhos e lutamos. Fiz uma reunião com eles – meus filhos sempre me ouviram, e eu precisava das palavras com sabedoria. Falei como seria dali para a frente e como íamos fazer com relação à nossa família. Hoje, sou comentada pela educação dos meus filhos, minha família é referência: a "família Nascimento". Meu filho é pastor ao meu lado e também pregador;

minha filha, que só tinha 11 anos, é diaconisa da igreja, cantora, e se tornou o meu braço direito. Em mim, há uma certeza de que, enquanto eu zelar pelas coisas de Deus, Ele cuidará de mim.

Eu decidi contar minha história em cada igreja pela qual passava e comecei a ver muitos sinais de cura: pessoas mudando comportamentos, mulheres que se levantando de uma depressão, pessoas se rendendo a Jesus. Percebi minha influência na vida das pessoas por onde vou nas pregações, nas palestras, nas redes sociais e em meio a meus familiares. Vejo que minhas palavras têm peso, e eu sou a caçula de sete irmãos; por isso, eu decidi escrever essa trajetória.

A intenção deste livro, deste capítulo e deste meu testemunho é a de contar que há saída. A força está dentro de você. Deus não desampara ninguém: Suas provações só nos fazem crescer. Antes de tudo o que passei, eu era uma Simone frágil, insegura e que se achava incapaz. Mesmo conhecendo Deus, havia uma barreira que não me permitia ir além. Hoje, apesar de ter 1,55 metro de altura, sou gigante, forte, capaz, segura, corajosa e cheia de fé. Sou feliz por levar ao coração das pessoas mais fé e motivação, por mostrar às mulheres que somos importantes e capazes de qualquer coisa que quisermos fazer.

"Eu entendi que, superando e vencendo as dores e os medos, a luta e o processo me tornaram heroína de mim mesma."

Simone Nascimento

Tatiana Sterchele Betta

Eu me chamo Tatiana Sterchele Betta, tenho 29 anos e sou empreendedora, terapeuta e mentora de mulheres. Aos 22 anos, me mudei sozinha para a Austrália com a intenção de me autodescobrir e construir uma vida com propósito e a sua significado. Hoje, ajudo mulheres a resgatarem a sua potência e autoconfiança, para que possam realizar seus sonhos e deixar sua marca no mundo.

Sou fundadora do programa de cura e autoconhecimento Essência, que já ajudou centenas de mulheres a se autodescobrirem e se reconectarem consigo. Também fundei o programa Heal, que já inspirou dezenas de mulheres a descobrirem o seu propósito de vida e a iniciarem uma carreira como terapeutas.

Se você deseja se autodescobrir e se reconectar com a sua verdadeira essência, venha conversar comigo!

tati.cura

bettatatiana@gmail.com

30 RENASCENDO PARA UMA VIDA DE PROPÓSITO E EMPODERAMENTO

POR TATIANA STERCHELE BETTA

Será que dentro de você há uma mulher ansiosa por renascer? Já sentiu uma vontade ardente de acabar com o vazio que tem acompanhado a sua jornada por anos? Ou talvez você se sinta perdida, como se a vida estivesse perdendo o significado? E que tal aquele sonho recorrente, o desejo de ser dona do seu próprio negócio, de iniciar algo do zero, que parece distante e inalcançável? Saiba que isso não é mera ilusão da mente, mas uma orientação divina. É Deus mostrando o imenso potencial que você tem e a possibilidade de ir além.

Talvez você conheça bem as vozes internas que sussurram em seu ser, impedindo que dê o próximo passo, tais como: "já estou velha"; "ainda não estou pronta"; "há pessoas melhores do que eu fazendo isso"; "isso seria maravilhoso, mas não dá dinheiro"; e assim por diante. Essas vozes são os ecos de outras pessoas ressoando em sua mente; é a sua criança interior repetindo o que lhe foi dito.

Neste capítulo, você aprenderá a transformar a escuridão em luz, permitindo que a mulher que merece e deseja ser renasça. Eu lhe mostrarei como trazer seu verdadeiro eu para o mundo e se reconectar com sua essência. Não deixe que as dúvidas e os medos a impeçam de abraçar sua verdadeira grandeza. Agora, é o momento de se libertar das amarras que a têm segurado e abraçar a coragem de assumir seu lugar no mundo. E, então, você está pronta para dar o primeiro passo?

A jornada de cura

A cura emocional é um dos primeiros passos em direção à reconexão com a essência. Em algum momento da vida, passamos por experiências dolorosas, muitas delas durante a infância, as quais deixam marcas profundas na alma e ecoam até a vida adulta. Esses traumas podem variar desde abuso emocional e físico até negligência e perda de entes queridos. As cicatrizes de tais experiências moldam a jornada do indivíduo e influenciam suas escolhas e seus relacionamentos.

Para que você possa superar seus traumas, primeiramente, é preciso reconhecer a existência deles e entender como impactam o seu comportamento, hoje. Muitas vezes, tendemos a enterrar memórias dolorosas do passado, acreditando que desaparecerão com o tempo. Acabamos não dando a elas a atenção que merecem. Pensamentos como: "o que me aconteceu não foi nada de mais","há pessoas que passaram por coisa pior" ou "isso é coisa do passado" são agentes sabotadores que visam camuflar sua dor e impedir seu crescimento pessoal. A verdade é que a dor emocional não é mensurável e jamais deve ser comparada com a de outra pessoa; toda dor é relevante. O trauma que não é resolvido permanece latente e age em seu subconsciente, afetando a sua autoestima, sua confiança, seus relacionamentos e sua saúde mental. Quem não lida com suas sombras constrói uma vida desconexa de seu verdadeiro eu e alimenta o vazio existencial.

As marcas da infância na vida adulta

Na infância, aprendemos a nos tornar quem somos por meio dos relacionamentos e das experiências vividas com nossos familiares. A forma como nos sentimos amados por eles tem um impacto significativo em como amamos hoje e em como permitimos que outros nos amem. Essa dinâmica de valores internos influencia todas as áreas de nossas vidas. Para que você possa compreender melhor, permita-me compartilhar a história de minha cliente Rosana (seu nome foi alterado para proteger sua privacidade).

Rosana, uma jovem de 27 anos, chegou até mim em busca de encontrar seu propósito de vida. Estava insatisfeita em relação ao trabalho, sentia-se desconectada de si mesma e relatou um vazio em seu peito. Era muito racional e perfeccionista, sentia dificuldade em confiar nas pessoas e, por isso, não se relacionava havia muito tempo. Sua vida começou a perder o sentido e ela sabia que precisava mudar essa realidade.

Perguntei a Rosana como havia sido o relacionamento com seus pais na infância, e ela relatou que se sentiu muito só. Sua mãe era bastante exigente e não demonstrava afeto; já seu pai era ausente, viajava muito e, quando estava em casa, ficava em frente à TV, sem interagir com a família. Então, desde cedo, ela precisou resolver muita coisa sozinha. Devido ao que viveu nessa fase, Rosana desenvolveu o comportamento da "mulher guerreira": não pedia ajuda e tentava resolver tudo sozinha. Criou uma armadura de força para nunca mais sofrer. Mas, com isso, ela afastava as pessoas de si , tornou-se insegura e controladora.

Curar os traumas de infância e ressignificar a sua história de vida é essencial para que você se reconecte com o seu verdadeiro eu e construa uma existência com propósito, alegria e realização. Se, como ela, você deseja mudar a sua realidade, permita que eu compartilhe os passos abaixo.

1 - Transforme seu relacionamento com seus pais

O que os seus pais significam para você? Como você olha para eles? Existe mágoa, julgamento, rancor ou apego? Entenda que um relacionamento saudável com eles é essencial para a construção de uma vida de sucesso e que um relacionamento saudável não quer dizer um relacionamento perfeito, mas organizado e sem julgamentos. Mas o que isso significa? Quando não aceitamos algumas escolhas e certos comportamentos de nossos pais, passamos a julgá-los. Inconscientemente, nos colocamos numa posição superior à deles, agindo como tutoras, em vez de filhas. Essa dinâmica gera desordem no sistema familiar e faz com que nós e nossos pais percamos força na vida. Quando você não sabe seu lugar em seu sistema familiar, dificilmente saberá seu lugar no mundo, pois a vida chegou primeiro ao seus pais.

Quando você julga a maneira como eles demonstraram amor, está dizendo a si mesma que o que recebeu não foi o suficiente; dessa forma, nada na vida será suficiente para você. Você viverá na escassez e alimentará um sentimento de vazio. Logo, qual é o caminho para alcançar o equilíbrio? Entender que seus pais lhe deram o melhor que podiam com os recursos que tinham naquele momento da vida. Mesmo que você não concorde com muitas de suas escolhas, é importante lembrar que, no que foi essencial, eles foram perfeitos: lhe deram a vida, e isso basta. A vida é o símbolo do amor. Logo, saiba receber o que eles souberam lhe dar. O que você julga não ter recebido deles é responsabilidade sua dar a si mesma. Esse é o primeiro passo do processo de renascimento. No caso de Rosana, perceba que, por julgar seus pais, ela acabou reproduzindo o comportamento deles e se aprisionando em sua própria sombra.

Reconhecer o que seus pais lhe deram consiste também em analisar quais valores e crenças você levará adiante e quais prefere deixar com eles. Renunciar a alguns dos princípios que seus pais lhe transmitiram não significa julgar ou desonrar a sua origem – muito pelo contrário –, porque os tempos mudaram e você pertence a uma outra geração. Não cabe a você seguir adiante carregando certo sistema de crenças. Isso travará a sua vida e a impedirá de ser você mesma. Deus lhe deu o livre-arbítrio, e escolher seus valores e suas crenças é fazer bom uso da vida que recebeu, é um direito divino que deve ser usufruído em paz. Como diz Bert Hellinger: "A paz começa onde cada um de nós pode ser da forma que é".

2 - Acolha a sua criança interior

A criança interior é a parte mais pura do seu ser, que chegou ao mundo completamente desprogramada e pronta para amar. Conectar-se com ela é um caminho para se juntar à sua essência. Acolher a criança interior significa olhar para si mesma para além daquilo que os desafios da vida fizeram com você. É unir-se ao que você realmente precisa e ser capaz de oferecer o que é necessário para o seu renascimento.

Para curar a sua criança interior, sente-se em um ambiente silencioso, feche os olhos e imagine que você está se encontrando consigo mesma mais nova. Dê um abraço nessa menina e diga o que, a seu ver, ela deveria ter escutado. Por exemplo: "você é importante"; "eu a vejo"; "eu a aceito"; "eu a amo do jeito que você é"; "você não precisa carregar as dores da sua mãe"; etc. Depois, imagine que vocês viram uma e ela cresce dentro de você, se tornando a mulher que você é hoje. (Encontre esse exercício meditativo guiado em meu canal do Spotify "Desperte com Tati".) Curar a sua criança interior a ajudará a resgatar a sua autoconfiança, despertar o seu verdadeiro potencial e a ressignificar a sua história.

3 - Crie coragem para renascer

Desperte para a magnificência do seu poder transformador e abra caminho para um futuro repleto de possibilidades. O passado já foi escrito, no entanto, você tem o poder de criar um novo capítulo em sua vida. Cada experiência que viveu moldou-a para ser quem você é hoje, mas não é preciso definir quem será amanhã. Ao redefinir seus relacionamentos familiares, acolher sua criança interior ferida e encontrar a cura para as suas cicatrizes emocionais, você ganhará uma perspectiva divina sobre a sua história e enxergará cada desafio como uma oportunidade de crescimento e transformação.

Coragem é a palavra de ordem para renunciar ao que não mais lhe serve, abrindo espaço para o novo; seja o emprego que drena sua energia, relacionamentos tóxicos, hábitos prejudiciais ou amizades que não mais acrescentam. Se você continuar fazendo o que sempre fez, os resultados serão os mesmos. Transformar sua vida e realizar seus sonhos compõem a missão ardente de sua alma de deixar um legado poderoso neste mundo. Escute a voz de seu coração, sintonize-se com suas qualidades e reconheça que a sua sabedoria é suficiente para inspirar e impactar muitas pessoas.

Você é capaz e merecedora desse renascimento. Hoje, é o dia de dar o primeiro passo em direção ao seu futuro brilhante!

"Uma vida distante do seu verdadeiro 'eu' é um desperdício de potencial. Renascer na vida adulta é se permitir deixar um legado no mundo."

Tatiana Sterchele Betta

Valéria Santos

Sou Valéria Santos, natural de Belo Horizonte (MG). Há 31 anos, sou casada com Fernando, meu companheiro e incentivador. Gerei três filhos, sendo Ágata minha filha do meu primeiro casamento. Ela me presenteou com duas netas: Giovanna e Melissa. Com Fernando, tenho meus filhos Igor e Renan.

Tive várias experiências profissionais, nas quais aprendi a conversar, ouvir e entender as mulheres. Atuei no ramo da beleza como consultora e diretora de vendas da Mary Kay; fui, também, profissional da beleza no salão V Quatre.

Sou pedagoga e psicanalista clínica. Durante a minha formação, passei pelo processo de cura interior da dor da rejeição, do alcoolismo do meu pai e da frustração por um divórcio causado por traição e abandono, aos 22 anos de idade.

Reúno ciência e fé cristã para resgatar a verdadeira identidade de mulheres preciosas.

valeriasantos.terapeuta

+55 (31) 98380-7933

31 RESGATE A SUA ESSÊNCIA

POR VALÉRIA SANTOS

Seja bem-vinda, preciosa leitora! Convido você a participar desta jornada com mente, corpo e espírito receptivos, a fim de viver o novo – vindo do trono de Deus para a sua vida, em direção à sua essência plena. Proponho uma jornada em sete chaves práticas, com atividades para você "viver e resgatar a sua essência verdadeira". Pela oportunidade de tê-la aqui, agradeço a Deus e a você. Eu me dediquei com amor e responsabilidade para apresentar este tema extremamente transformador, de modo a proporcionar cura emocional e libertação de crenças, as quais a impedem de ser a mulher extraordinária que Deus planejou.

Você não é o que dizem sobre você! Eu aprendi isso vivendo o processo de resgate da minha própria essência. Contarei a respeito disso ao longo deste capítulo, pois foi assim que criei meu método de cura e libertação das travas emocionais. Em um mundo repleto de expectativas, pressões e desafios, é fácil para nós, mulheres, nos perdermos no turbilhão da vida cotidiana. Muitas vezes, nos encontramos desgastadas, desanimadas e desconectadas de quem realmente somos. No entanto, acredito firmemente que, ao equilibrarmos a ciência e a fé, podemos encontrar a força e a inspiração necessárias para reavivarmos a nossa verdadeira identidade: a de filhas amadas de Deus.

Sou a caçula de sete filhos e tenho lembranças de um lar disfuncional; meu pai, Walter, era dependente de álcool, e, por isso, tivemos que lidar com a escassez financeira num casebre de três cômodos alugado,, que abrigava nove pessoas. A falta de um "protetor" deixava uma lacuna na minha alma. Muitas vezes, saíamos de casa na hora que fosse para evitar confrontos, até que ele dormisse. Isso acontecia pela sabedoria e imenso amor da minha mãe, Maria dos Anjos, que me ensinou muitas coisas.

Você sabia que a figura do pai é fundamental para as meninas? Segundo o psiquiatra Carl Gustav Jung, precursor da psicoterapia analítica, o abandono por parte da figura paterna pode causar significativos impactos, como medos e vergonha.

Com 15 anos, fui fisgada por um "príncipe encantado". Naquela época, meu pai já estava liberto da bebida, mas a criança em mim que viveu a carência paterna se encantou por esse rapaz, que se tornou meu primeiro namorado. Esse "jovem da igreja", o João, de 22 anos, trabalhador e independente financeiramente, era o genro com que toda mãe sonhava. Assim, aos 17 anos, eu entrei na igreja como uma princesinha sonhadora, virgem, arrastando um lindo véu branco. Amor, segurança, um noivo crente, adeus à escassez, o início de uma vida tranquila, invejável. Mas, apesar da fama de ele ser um "príncipe", as suas ausências devido ao trabalho começaram a se intensificar. Depois, isso ocorria nos fins de semana também. Tivemos uma filha, a Ágata – uma joia preciosa. Na época, éramos eu e ela sozinhas. Por longos dias, não nos faltava nada, apenas presença. Com o tempo, foi ficando insuportável engolir as desculpas de João. Enfim, em uma conversa, veio a confissão: ele estava se relacionando seriamente com uma colega de trabalho.

Eu tinha um castelo seguro, mas naquele momento ele estava ruindo. Em dois meses, meu marido saiu de casa. Ele fez questão de me levar à casa dos meus pais e "explicar" que estava me devolvendo de onde me tirou. "Ela não tem culpa, Sr. Walter. Eu me apaixonei por uma moça." E falou para a minha irmã: "Cuida da Valéria para mim, pois ela parece a minha sombra". Eu me senti muito mal. Um dos sentimentos mais dolorosos que experimentei foi a injustiça. Na época, era comum que as mulheres, principalmente no meio cristão, fossem "do lar". Meses depois, a amante dele engravidou. Ele montou um apartamento e recomeçou outra família. Em seguida, os comentários apareceram: as mentiras e os outros casos extraconjugais.

Estou sendo transparente com você para que perceba a profundidade do resgate que fiz de mim mesma. Pessoas magoam pessoas. Eu não passei por violência física, mas por emocional. A ausência paterna por causa do vício me deixou frágil, carente de proteção e de amor, de me sentir amada.

Com 22 anos, eu tinha uma filha de 3 anos e nenhuma experiência de trabalho, pois fui criada para ser "uma boa esposa". Logo, passei a ser "uma moça largada pelo marido". A dor da rejeição, do abandono, a vergonha e o medo se fizeram presentes. O nosso antigo apartamento foi vendido, houve a partilha e João foi justo – faço questão de reconhecer isso. Então, comprei um outro apartamento bem simples, com os recursos que eu tinha. Decidi alugá-lo a fim de ter alguma renda para recomeçar a vida com minha filha.

Retornar à casa dos meus pais foi uma mudança brusca. Eu precisava recompor minhas emoções, meus pensamentos e descobrir quem eu era, verdadeiramente. Esse foi um momento estranho, porém, ao mesmo tempo, incrivelmente fortalecedor. Meu pai e minha mãe abriram as portas da sua casa e do seu coração, o que foi maravilhoso. Papai estava triste com a situação, pois não aprovava o meu casamento. Eu havia me convertido à doutrina evangélica por intermédio do meu ex-marido, que frequentava a igreja presbiteriana. Na minha família, todos eram cristãos da igreja católica. Na época, ele não apoiava que eu "virasse crente", pois ia envergonhá-lo diante dos nossos familiares. "Você virou a ovelha negra da família", ele dizia. Mesmo assim, meu pai me levou ao altar na igreja. Ademais, me recebeu em casa, com uma filha no colo, e isso foi incrível. Um sentimento de gratidão começou a regar meu coração com o cálice da esperança. Era uma luz no fim do túnel!

Muitos dos desafios pelos quais passamos se dão por consequência das escolhas de outras pessoas. Você já questionou Deus sobre sua origem, sua história? Eu já! "Deus, por que comigo?" Era um clamor silencioso nos dias em que a dor na alma se tornava latente. Algumas respostas apareceram anos depois; outras, confesso, aprendi a aceitar pela fé, além de crer na soberania de Deus. Então, tive que olhar para mim com verdade, humildade e aceitação. Negar a realidade não me ajudaria em nada.

Sempre recorri à presença de Deus e fui dando meus primeiros passos para me reconectar com a minha essência. No mês seguinte à separação, prestei vestibular e fui aprovada. Assim, veio a necessidade de um suporte financeiro. Corri atrás do meu primeiro emprego, o qual trouxe, também, um encontro inusitado. Dessa vez com um "troglodita" (rsrs...). Ele era um jovem mais "pé no chão"; porém, esse é assunto para um outro livro. Fernando, seis anos depois, se tornou meu esposo, meu companheiro e apoiador. Hoje, sou bem-casada e temos dois filhos preciosos. O curso de Pedagogia foi realmente um divisor de águas, comecei a estudar as bases da mente humana, segundo Sigmund Freud, o que me ajudou em meu autoconhecimento e a entender as relações entre pais e filhos. Meus pensamentos foram ficando mais claros. Descobri pela ciência a importância das vivências familiares e as consequências de tais vivências na fase adulta. Entendi que certas atitudes do meu ex-marido foram geradas pelo modelo familiar que ele teve. O fato de eu" ser a sombra dele" revelou para mim que eu precisava de um "protetor", pois era imatura emocionalmente.

Passei a estudar e acompanhar pessoas que superaram importantes desafios no âmbito familiar, como a autora, pregadora e ministra da Palavra de Deus, Joyce Meyer, que relatou ter superado abusos sexuais por parte do próprio pai, ter passado por um divórcio na juventude e se tornado referência no cuidado de mulheres. Um livro dela que me inspira se chama *Campos de batalha da mente*.

Gostaria de convidá-la a renovar a sua mente e seus pensamentos sobre quem você é, na essência. Prepare-se para viver o melhor de Deus em sua jornada!

Sete chaves para destravar e fazer o resgate da sua essência

1. Chave: decisão de viver o processo. Nada vai mudar do lado de fora se a autorresponsabilidade não for assumida.
Tarefa: elaborar um termo de compromisso com você mesma, escrevendo uma carta endereçada à sua nova versão. Coloque a data e escreva, em detalhes, todas as mudanças necessárias para você se sentir plena. Leia Jeremias 29:11-13. Reflita.

2. Chave: conexão com Eva Plena, antes do pecado. Ela existe, lá no seu íntimo.
Tarefa: tomar um "banho de presença plena". Controle seus pensamentos, observe seu corpo. Você é um espírito que recebeu a oportunidade de viver essa experiência terrena. Coloque um louvor, borrife seu perfume no ar. Leia Gênesis 1:26-27. Reflita.

3. Chave: tenha um momento de autoamor.
Tarefa: faça algo para você, como um passeio ou se dê um mimo. Sua vida é importante. Expresse Deus por meio dela. Leia Jeremias 1:5. Reflita.

4. Chave: entenda a perfeição do plano de Deus para Eva, tirada da costela do homem, para ter a mesma importância.
Tarefa: use a imaginação e perceba: Deus fez o homem e a mulher com as próprias mãos (intimidade). Leia Gênesis 2:18-23. Reflita.

5. Chave: Eva errou e se escondeu de Deus, sentindo medo, vergonha e culpa.
Tarefa: perceba que tudo começou ali. Leia Gênesis 3:8-10. Reflita.

6. Chave: você está disposta a dizer "sim" para Jesus, como a jovem Maria? Ela abriu mão dos seus próprios planos. Está preparada para aceitar a sua história e fazer a diferença na vida de outras pessoas?
Tarefa: o resgate: Jesus pagou um alto preço. Leia Lucas 1:26-38. Reflita.

7. Chave: o resgate da sua essência.
Tarefa: escreva características boas de Eva original – todas aquelas que você quer desenvolver. Exemplo: eu sou filha amada, sou corajosa etc. Guarde esse texto em um lugar onde você possa ler com frequência. Redija as características negativas que você quer tirar da sua vida e leia cada uma delas em voz alta. Exemplo: eu não sou rixosa, mentirosa etc. Depois, jogue o papel no vaso sanitário e dê descarga. Diga: "Hoje, eu resgato a minha essência plena. Está feito! Resgatei a minha essência e descobri meu chamado: o de dar as mãos a outras mulheres preciosas, para que elas resgatem a identidade delas de filhas amadas de Deus e brilhem no palco da vida". Leia Romanos 12:2. Reflita.

Preciosa, se você precisa de apoio, receba de presente uma sessão terapêutica gratuita. Pegarei na sua mão e a conduzirei ao resgate da sua essência. Mande para mim uma mensagem com a palavra "livro" e agendaremos um horário.

"Ao equilibrar ciência e fé, podemos encontrar a força e a inspiração necessárias para reavivarmos a nossa verdadeira identidade de filhas amadas de Deus."

Valéria Santos